방해받지 않는 삶

Undistracted

방해받지 않는 삶

지은이 | 밥 고프
옮긴이 | 정성묵
초판 발행 | 2022. 7. 20
등록번호 | 제1988-000080호
등록된 곳 | 서울특별시 용산구 서빙고로65길 38
발행처 | 사단법인 두란노서원
영업부 | 2078-3333 FAX | 080-749-3705
출판부 | 2078-3332

책값은 뒤표지에 있습니다.
ISBN 978-89-531-4248-0 03230

독자의 의견을 기다립니다.
tpress@duranno.com   www.duranno.com

두란노서원은 바울 사도가 3차 전도 여행 때 에베소에서 성령 받은 제자들을 따로 세워 하나님의 말씀으로 양육하던 장소입니다. 사도행전 19장 8-20절의 정신에 따라 첫째 목회자를 돕는 사역과 평신도를 훈련시키는 사역, 둘째 세계선교TM와 문서선교단행본·잡지 사역, 셋째 예수문화 및 경배와 찬양 사역, 그리고 가정·상담 사역 등을 감당하고 있습니다. 1980년 12월 22일에 창립된 두란노서원은 주님 오실 때까지 이 사역들을 계속할 것입니다.

삶을 온전하게, 영혼을 충만하게

방해받지 않는 삶

Undistracted

밥 고프 지음
정성묵 옮김

두란노

내 사랑하는 아내 스위트 마리아 고프와
점점 늘어나고 있는 우리 가족들에게 이 책을 바친다.
린지, 존, 리처드, 애슐리, 애덤, 케이틀린에게 고맙다.
이들은 나의 더없이 좋은 선생들이다. 나는 이들의 열렬한 팬이다.
내가 책으로 쓴 내용의 대부분은 단순히
이 아이들이 아름답게 사는 모습을 보며 배운 것들이다.
G. K. 체스터턴은 친구들에게 이런 말을 했다.
"긴 편지를 써서 미안하네. 짧은 편지를 쓸 시간이 없었네."
이 책은 사랑하는 가족들의 도움을 받아,
내가 추구하는 방해받지 않는 삶에 관해 나 자신에게 쓴 긴 편지다.
우리 가족들이 보여 준 삶의 본보기가 내가 가야할 길을 가리키고 있다.

내 친구 빌 로키에게도 이 책을 바친다.
그는 암과 용감하게 싸우는 와중에도 내게 아낌없이 사랑을 부어 주었다.
이생이 끝난 이후에 벌어질 일에 관해 두려워하지 않는 법,
혹은 그런 두려움에 방해받지 않는 법을 가르쳐 줄 뿐 아니라,
천국에 도착하는 것이 배에서 부두로 올라서는 것처럼
간단한 일이라는 사실을 가르쳐 준 그에게 고맙다.
해변에 도착한 걸 환영하네, 빌!

마지막으로, 더 시급해 보이지만 전혀 그렇지 않은 것에 방해를 받아
꼭 해야 하는 중요한 일을 망각한 모든 이들에게 이 책을 바친다.
이 책을 통해 그들이 예수님이 부르신
방해받지 않는 삶, 위대한 삶으로 돌아가게 되기를 바란다.
그런 삶을 찾기 위해 최선을 다하라.
그러고 나서 그런 삶에 이르기 위해 무엇이든 하라.
그리고 그런 삶에 이른 뒤에는 [천국에 갈 때를 제외하고는]
그 삶에서 조금도 벗어나지 말라.

contents

에필로그.

방해받지 않는 삶,
단순한 삶, 위대한 삶

279

○

'속에서 우러나는 기쁨' 없이
살고 있다면

몇 년 전 몇몇 친구들과 함께, 이란과의 접경 지역에 있는 쿠
르디스탄(이라크 북부 쿠르드족 자치구)에 다녀왔다. 그곳에 우리는 학
교를 세우고, 난민을 위한 집과 병원을 짓고 있었다. 하루는 꼭두
새벽같이 일어나 이라크와 이란을 가르는 산을 올랐다. 별다른
특징은 없었고, 유난히 바위만 많은 지형이었다. 10년 전 미국인

11

세 명이 이 산에서 도보여행을 하다가 이란으로 넘어가는 바람에 이란 국경 수비대에게 붙잡힌 사건이 있었는데, 실제로 가 보니, 과연 자신이 국경선의 어느 쪽에 서 있는지 헷갈릴 만했다. 지도 상의 국경선을 실제 땅에 표시하지는 않으니까 말이다.

친구들과 함께 걷는데 두 나라를 가르는 지뢰 지역임을 알리는 푯말 하나가 눈에 띄었다.

'이 근처가 국경이군.'

푯말에 적힌 언어는 읽을 수 없었지만 해골과 X자 모양 뼈들, 폭발물 그림을 보고 한눈에 눈치챘다. 우리는 돌 몇 개를 지뢰밭으로 던져 무슨 일이 일어나는지 확인하기로 했다. 나도 안다. 그리 좋은 생각이 아니라는 걸. 하지만 당시에는 내가 생각할 수 있는 '최선의' 나쁜 아이디어였다. 그러다 한 10-15분쯤 지났을까? 푯말을 다시 찬찬히 살펴보니, 다행히 그곳의 지뢰는 이미 다 제거된 모양이었다. 그런데 실은 우리가 지뢰밭 주변에서 돌을 던진 게 아니었다. 우리는 '지뢰밭 안에서' 그러고 있었을 가능성이 높다. 인생에서도 마찬가지다. 안전한 곳에 있다고 안심하지만 사실 그곳이 더없이 위험한 곳일 때가 얼마나 많았는지!

이런저런 것들에 정신을 팔다 보면 어느덧 이런 식의 지뢰밭에 이른다. 무언가의 근처나 가장자리에 있다고 생각했는데 어느새 버젓이 그 한복판에 있는 나를 발견한다.

지뢰밭을 알리는 경고 푯말을 볼 수 있어야 한다. 방해 요소들에 정신을 팔다 나도 모르게 지뢰밭에 가까이 왔다는 푯말 말이다. 내 마음이 방황하는 순간을 주의하며, 내 행동이 곁길로 흐르는 순간을 조심해야 한다. 그런 순간들에 우리는 하나님이 바라시는 삶을 선택하지 않고 다른 사람이 바라는 대로 행동하게 된다. 금전적 압박이나 내면 깊은 곳에 자리한 열등감, 지난날 경험한 실패가 현재의 결정에 지나치게 영향을 미칠 수도 있다. 우리 삶에서 이런 요소를 찾아서 없애야 담대하게 앞을 향해 갈 수 있다.

하루 종일 시간을 어떻게 사용했는지 적어 보라. 단순히 "오늘 논문을 썼다" 혹은 "주말여행을 준비하면서 하루를 보냈다"라고 쓰지 말고, 논문을 쓰거나 주말여행 준비에 집중하지 못하게 방해했던 것들을 다 써 보라. 솔직하게.

"급하게 살 것도 없는데 괜히 마트에 다녀왔다. 이웃집 개가 우리 집 마당에 들어와 한바탕 소동을 벌여 쫓아냈다. 나의 실패를 누군가의 성공과 비교했다. ……"

이렇게 구체적으로 쓰면서, 몇 가지 요소가 나를 산만하게 만들었는지 점검하고 인정하라. 우리가 그다지 신경 쓰지 않고 넘기는 방해 요소 하나하나가 쌓여 기쁨으로 가는 길을 가로막는다. 목적에 집중하지 못하는 날들이 계속되면서 우리가 간절히 바라는 삶과는 영영 멀어진다.

그렇다고 해서 당신의 관심을 사로잡는 것들에 대해 일일히 너무 자책할 건 없다. 누구나 정신을 팔 때가 있고, 이런 성향은 인간의 운영체제에 내장되어 있다. 틈만 나면 내가 지닌 목표와 더 큰 목적에서 눈을 떼고, 눈앞의 일시적 상황만 바라볼 때가 얼마나 많은지! 안타깝게도 수많은 것들이 우리가 해변으로 다시 돌아가지 못할 정도로 둑에서 멀리까지 우리를 끌고 간다. 그곳에서 우리가 세상에 줄 수 있는 수많은 좋은 것들이 끝없는 해저로 침몰해 버리고 만다. 우리는 과거에 묶여 있거나, 현재를 걱정하거나, 미래에만 시선을 빼앗긴다. 지금 있는 자리에서 삶으로 뛰어들지 못하고 오히려 삶에서 점점 멀어진다. 그 바람에 하나님이 원하시는 사람으로 자라나지 못하고 있다.

나는 미국 남부 캘리포니아에 사는 몇몇 지인과 오크스(The Oaks)라는 이름의 휴양센터를 열었고, 그곳을 홍보하는 시리즈 영상물을 제작하게 되었다. 남다른 유머와 창의력을 겸비한 스태프들은 내가 풍선을 들고 그 지역 배수탑 꼭대기에 서 있는 모습을 두 대의 드론으로 찍어 엔딩 장면에 쓰겠다고 기획했다. 즉내가 맡은 임무는 배수탑 꼭대기까지 오르는 일이었다. 지뢰밭에 돌을 던지는 것만큼이나 위험한 아이디어처럼 들렸다. 하지만 우리는 곧바로 준비에 돌입했다. 배수탑은 허리 높이까지 올라오는 덤불로 뒤덮인 커다란 언덕 위에 있었다. 우리는 형형색색의 헬륨 풍선들을 차에 싣고서 언덕 꼭대기로 이어지는 좁은 길을 올라갔다. 풍선들이 차창 밖으로 삐져나왔다.

배수탑 아래에 도착해 꼭대기까지 이어진 10여 개의 사닥다리 가로대를 올려다보니, 쉽지 않아 보였다. 게다가 바람까지 꽤 거세게 불었다. 나는 고개를 들어 가로대 개수를 세면서 어떻게 풍선을 들고 꼭대기까지 올라갈지에만 온 신경을 집중했다.

'혹시 내가 떨어지면 풍선 위로 착지하면 될까?'

몇 분간 배수탑 아래에서 위를 올려다보며 꼭대기까지 올라가려면 뭐가 필요할지만 따져 보고 있었다. 그러다 아무 생각 없이 고개를 숙여 바닥을 내려다봤는데, 아뿔사! 발아래에 방울뱀이 똬리를 틀고 있는 게 아닌가. "으아아아악~!"

아마 그때 내가 뱀에게 물렸다면 내 요지를 더 잘 전달해 줄 이야기가 탄생했으리라. 나는 천천히 뒤로 물러서며 목숨을 구하려고 쥐가 날 정도로 고생할 필요가 없음에 감사했다.

위와 앞을 바라보며 인생의 다음 단계를 알아내느라, 혹은 뒤를 보며 지난 세월을 돌아보느라 바빠서, 내가 지금 실제 어디를 딛고 있는지를 알고자 발아래를 내려다보지 않을 때가 너무도 많다.

어떤 면에서 우리 모두 방울뱀만큼 강한 독성을 지닌 무언가에 물릴 때가 많다. 그 무언가는 바로 우리 주변에 있는 숱한 방해 요소다. 우리는 온갖 것들에 정신을 팔며 인생의 많은 부분을 허비한다. 가족이나 친구에 대한 고민, 인기에 대한 집착, 심지어는 신앙에 대한 과도한 염려나 고민이 우리 마음을 산만하게 한다. 때로 대학 전공과 커리어 선택에 의문을 품기도 하고, 결혼한 사람들은 자신의 결정에 의구심을 가진다. '내가 배우자를 잘 고른 걸까? 나는 괜찮은 배우자인가? 누가 변한 거지? 내가 변했나, 아니면 배우자가 변했나, 아니면 둘 다? 이제 어떻게 해야 하지?'

우리는 대부분 육아에 대한 어떤 매뉴얼도 없는 철저히 아마추어 부모 품에 안긴 아기의 모습으로 세상에 도착했다. 대부분이 인생을 그리 넉넉치 못한 상태에서 시작하고, 그중 일부는 가난한 상태에 머문다. 돈을 벌어 부자가 되는 사람도 있지만 부에 관한 왜곡된 시각을 갖게 되기 쉽다. 건강함을 추구하지만 치유를 얻지 못하는 사람도 있다. 여기에 더해, 우리가 보지 못하는 하나님을 따라 이해하기 어려운 천국을 향해 간다. 이 여행은 얼마나 걸릴지 모르며, 우리 노력이 아닌 은혜로 시작됐다. 이러니 우리 모두가 문득문득 혼란스러워하는 것도 무리는 아니다.

사실 우리 인생은 다 접어 놓은 비행기를 날리는 게 아니다. 우리는 비행기를 날리면서 동시에 접는다. 일단 가면서 어떻게 할지를 알아내고 있다. 본궤도로 갈 때보다 본궤도에서 벗어날 때가 더 많다는 뜻이다. 확실할 때보다 혼동될 때가, 분명할 때보다 애매모호할 때가 더 많다. 그렇게 삶이 완전히 정신 없고 산만할 때 첫 번째 희생양은 바로 '기쁨'이다.

이 모든 혼란은 어둠의 술책이기도 하다. 나는 매사에 마귀 운운하는 스타일이 아니나, 요즘 들어 마귀가 꽤 교활한 술책을 부린다는 생각을 떨칠 수 없다. 내가 볼 때 놈은 노골적인 전면 공격으로 우리를 파괴하지 않는다. 그자는 우리가 재능을 마음껏 펼쳐 해야 할 일을 하지 못하도록 교묘히 방해한다. 종이에 베인 작은 상처라도 쌓이고 쌓이면 큰 타격을 입듯, 어둠은 우리를 한 번의 결정타로 무너뜨리지 않는다. 실제로, 우리가 싸우지 않고 방해 요소에 정신을 팔게 만드는 사탄의 술책은 지금까지 꽤 잘 통했다.

혹시 고속도로 가장자리에 있는 표면이 울퉁불퉁하게 거친 띠를 본 적이 있는가? 차로를 벗어나 그 띠를 지나면 "탈탈" 소리가 나며 진동을 느끼게 되는데, 이것을 "럼블 스트립"(rumble strip; 노면요철포장구간)이라고 부른다. 이 책이 당신 인생의 럼블 스트립이 되기를 바란다. 자, 당신은 도로 위에 있다. 어딘가로 가고 있다. 운전 경력이나 실력과 상관없이, 이따금씩 도로에서 벗어나는 일이 흔히 벌어진다. 인생의 도로에서 벗어나는 건 영화나 유튜브 영상처럼 멋진 일이 아니다. 도랑에 바퀴가 빠져 차가 전복되는 끔찍한 상황을 떠올려 보라.

이제부터 우리가 잠시 궤도에서 이탈했을 때 인생의 본궤도로 돌아가기 위한 몇 가지 방안을 제시하고자 한다. 영원한 목적에 다시 집중하는 법, 아무것에도 방해받지 않고 기쁨이 충만한 삶을 당장 누리는 법을 소개하고자 한다. 삶다운 삶을 살겠다고 허락을 구할 필요는 없다. 그냥 결심만 하면 된다. 하나님이 이미 주신 풍성하고, 의미 있고, 아름답고, 때로는 고통스럽기도 한 삶에 뛰어들기로 마음을 정하라.

많은 사람들이(특히 남자들) 차를 세운 뒤 길 묻는 일을 죽기보다 싫어한다. 나도 전에는 그런 사람이었는데, 왜 그랬는지 지금은 알 것 같다. 아무리 도움이 되는 말이라 해도 이래라저래라 하는 말 자체가 듣기 싫은 것이다. 사실, 우리에게 필요한 건 더 많은 정보가 아니라 본보기다. 정신을 흐트러뜨리고 산만하게 만드는 방해 요소들을 거부하고 가장 오래가는 영원한 목적에 집중하는 사람과 가까이 어울리면 그런 의도들이 자연스럽게 우리에게 전염된다.

전혀 중요하지 않은 것들이 아니라 정말 중요한 것들에 관심을 쏟을 때 어떤 일이 벌어질지 상상해 보라. 사람들에게 당신은 '사랑과 목적과 기쁨'(단순한 삶의 특징이자 위대한 삶의 필수 요소)으로 가득한 인생을 사는 놀라운 모델이 될 것이다.

솔직하게 말하면, 세상에는 차선책이 즐비하다. 그래서 더 좋은 길을 보지 못하면 자신이 덜 좋은 길에 있음을 깨닫지 못한다. 이 책에서 무엇을 생각하거나 무엇을 하라고 강요하고 싶지는 않다. 다만 당신이 이미 어떤 존재인지를 일깨워 주고 싶다.

당신은 기쁨과 만족을 누리면서, 상상할 수 없을 만큼 말도 안 되게 높은 집중력으로 영원한 목적을 향해 걸어갈 수 있는 존재다.

이 여행을 시작하기 전에 몇 가지 질문을 던지고 싶다.

"이미 당신 삶을 둘러싼 경이를 발견하기 위해 노력하겠는가? 덜 좋은 것에 한눈팔게 만드는 방해 요소가 무엇인지 찾아보려는 용기를 내 보겠는가? 당신이 발견한 아름다움을 혼자만 간직하지 않고 다른 사람들의 삶에 불어넣는, 어렵고도 이타적인 일을 할 수 있겠는가?"

이런 일을 해내려면 곁눈 가리개를 써야 한다. 별로 중요하지 않은 쪽으로 향하는 시선을 차단해야 한다. 더 큰 목적에 도움되지 않는 패턴으로 자꾸만 돌아가는 걸 멈춰야 한다. 무엇이 일시적이고 덧없는 것들인지를 인식해야 한다. 그리고 믿음, 가족, 목적 같은 영원히 지속되는 것들에 의식적으로 집중해야 한다. 이런 가치에 관심을 집중할 때 비로소 기쁨을 찾게 될 것이다.

이전에 나온 다른 내 책들을 읽어 본 사람이라면 내가 아내 스위트 마리아를 본 순간부터 아내에게 온 신경을 집중해 왔다는 사실을 알 것이다. 나는 아침마다 아내를 바라보며 정성껏 노래를 부른다. 노래 솜씨는 완전 '꽝'인데(디즈니 만화영화에 나올 법한 곡조를 개가 달밤에 짖어 대는 소리 비슷하게 부른다고 보면 된다), 엉망진창으로 부르면서 팔은 또 연신 흔들어 댄다(나름 율동이다).

내가 아침에 노래를 불러 줄 때마다 아내는 괴로워하며 베개를 뒤집어쓴다. 그러나 나는 아내가 내심 내 노래를 좋아하고 있음을 잘 안다. 내가 돼지 멱따는 소리로라도 꼭두새벽마다 요란하게 세레나데를 열창하는 건, 그 일이 내가 누구이며 누구를 사랑하는지 상기시켜 주기 때문이다. 그 노래는 매일 아침 내 삶에 중요한 것이 무엇인지를 기억하게 한다. 하나님을 향한 신앙을 제외하고, 내게 가족은 그 어느 것보다도 중요하고 소중하다. 그 시간은 또한 그날 내가 무엇을 할지 선언하는 시간이다. 아침마다 새로 지어낸 노래를 짖어 대면서(하하!) 나는 아내와 나 자신과 세상을 향해 그날의 계획이 무엇인지 선언한다. 그러고 나서 최대한 그렇게 살려고 애쓴다.

이 책을 통해 당신도 당신의 노래를 찾기를, 혹은 되찾기를 바란다. 이미 그런 노래가 있다면 그 노래를 조금 더 큰 소리로 부르게 되기를 바란다. 이 책을 읽으며 당신 입에서 사랑, 의도, 소망, 목적, 예수님으로 가득한 가사 한두 줄이라도 터져 나오기를 바란다. 당신이 받은 아름다운 삶, 그 삶을 살도록 허락된 짧은 세월, 당신이 과거에 묶여 있지 않고 사랑과 창의력을 발휘하면 얼마든지 선한 영향을 미칠 수 있는 사람들. 아침마다 이런 진실들에 관한 노래를 한 소절이라도 흥얼거려야 마땅하지 않을까?

이 책은 실제 일어난 이야기들로 빼곡하다. 성경을 보면, 예수님도 어떤 진리의 메시지를 전하실 때마다 한두 가지 좋은 이야기를 꺼내셨다. 이 이야기들은 우리에게 진리를 말해 줄 뿐 아니라 실제로 그 진리로 사는 삶을 가리킨다. 거짓은 기만으로 우리를 방해하나, 진리는 용감하고 더 오래가는 길로 가도록 우리를 깨우치고 인도한다.

이 책은 잡다한 정보로 채워져 있지 않다. 서로 관련 없는 무작위적 정보들이 내 삶을 바꿀 만한 계기가 된 적은 단 한 번도 없다. 요즘 세상은 정보로 넘쳐 나고, 매일같이 우리는 정보의 바다에서 허우적거린다. 평균적으로 인간의 지식은 13개월마다 두 배로 증가한다. 하지만 이 넘쳐 나는 정보는 우리 삶을 조금도 더 분명하게 설명해 주지 못한다. 오히려 그 반대다. 때로는 너무 많은 정보가 우리에게 진짜 필요한 명료함을 가로막는 연막처럼 느껴진다. 도저히 의심할 여지가 없어 보이는 사실 앞에서도 사람들은 어떻게든 그 사실에 관한 논쟁에 많은 시간을 허비하는 이상한 모습을 보이곤 한다. 그 탓에 우리 모두는 다소 날카롭고 신경질적이다.

이 모든 소음이 삶을 산만하게 만드는 방해 요소라는 사실을 받아들일 수 있겠는가? 무지한 삶을 살자는 말이 아니다. 절대 아니다. 때에 맞는 적확한 정보는 분명 도움이 된다. 다만 정보가 '영혼 충만한' 경우는 좀처럼 없다. 우리가 갈망하는 목적과 친절, 이타심을 찾기 위해 사실상 지금보다 더 많은 정보가 필요하지 않다. 우리에게 필요한 건 단단히 뿌리를 내린 믿음, 몇몇 좋은 친구, 그리고 중요한 진리를 기억나게 해 주는 것들이다.

이 이야기들이 당신이 무엇을 믿고, 왜 믿는지 이해하는 데 도움이 되기를 바란다. 이 책이 당신이 지금까지의 모습에 갇혀 있지 않고 새로운 모습으로 나아가도록 가벼이 등을 떠미는 역할을 했으면 한다. 맑은 정신으로 최고의 집중력을 발휘한다면 반드시 목적을 찾을 수 있을 것이다. 목적을 찾으면 더 깊은 기쁨이 흘러넘치리라. 이토록 간단하다.

단, 명심하라. 어둠의 세력은 어떻게든 우리의 산만함을 더욱 키우고 싶어 하며 그 일을 즐긴다. 혹시 지금 이 순간 일상에서 바로 이런 일이 벌어지는데 전혀 눈치채지 못하고 있는가? 주의 산만은 이처럼 부지불식간에 일어난다. 해법은 어려우면서도 한편 참 단순하다. 산만함을 끊는 길은 영원한 목적과 기쁨처럼 더 크고 좋은 무언가에 사로잡히는 것이다.

바로 그것이 이 책의 방향이다. 남은 평생 이 방향으로 가게 되기를 바란다. 필요한 수고를 기꺼이 감당한다면 장담컨대 지금까지 만족해 왔던 것보다 훨씬 좋은 무언가를 얻을 것이다. 기쁨을 빼앗아 가는 산만함 대신, 그 무엇도 빼앗아 갈 수 없는 삶의 목적을 얻게 될 것이다.

시선을 앞으로 고정하라. 안전벨트를 단단히 매라.

자, 출발!

고장 난 내 심장,
기운차게 다시 뛸 수 있을까?

나는 병원 검사실에 앉아 있다. 곧 수십 년간 우리 가족 주치의였던 릭이 와서 내 심박수를 잴 것이다. 릭은 우리 아이의 손가락이 크게 다쳤을 때도 꿰매 주었고, 몇 해 전 내가 아프리카 여행을 하다 말라리아에 걸렸을 때도 내 목숨을 살려 주었다.

검사실에 들어온 릭과 나는 주치의와 환자 사이의 의례적

인사를 주고받은 뒤 오랜 친구처럼 이야기를 나누었다. 잠시 후 릭이 내 가슴에 청진기를 댔다. 청진기는 마치 냉장고에서 방금 꺼낸 듯 차가웠다. 그 바람에 나는 깜짝 놀라 숨을 휙 들이마셨다. 릭은 내 쪽으로 몸을 기울여 내 심장박동에 귀를 기울이더니 내게 최근 증상을 물었다. 당시 나는 일어설 때 어지럽거나 계단을 오를 때 숨이 멎는 듯한 증상이 있었는데, 내가 남달리 건강한 사람은 아니더라도 그때껏 큰 지병은 없던 터라 그 정도 증세는 별문제가 아니리라 생각했다.

그런데 좀처럼 감정을 들키지 않는 릭이 이번에는 달랐다. 그는 미간을 찌푸리며 내 심장박동에 집중했다. 아무래도 무언가 문제가 있는 게 분명했다. 릭은 서둘러 온갖 장비를 검사실로 가져오더니 내 가슴에 선 패치들을 붙이고 무언가 바삐 적기 시작했다. 기계가 토해 내는 기록지에는 지진계처럼 꼬불꼬불한 선이 불규칙하게 그려져 있었다.

드디어 모든 검사가 끝났다. 릭의 표정을 보니 좋은 소식이 아닌 것만은 분명했다. 조심스레 입을 뗀 릭은 내 심장박동이 정상이 아니라고 말했다. 몇 가지 원인이 의심되지만 그중에서도 심각한 말라리아일 가능성이 가장 유력하다는 말도 덧붙였다. 핵심만 말하자면, 앉아 있을 때도 내 심장은 마라톤을 하는 사람보다 빨리 뛰었고, 박동 자체도 불규칙적이었다.

보통 사람은 쉴 때 심박수가 1분에 60-100회 정도다. 근육

질이라면 조금 느릴 테고, 근육이 거의 없다면 조금 **빠**를 것이다. 내 심장은 규칙적으로 "쿵, 쿵, 쿵" 뛰지 않고 간헐적으로 **빠**르게 뛰어, 심할 때는 1분에 200회까지 올라갔다. 의료 지식이 없어도 무언가 문제가 있음을 단박에 알 수 있었다(한마디로, 내가 '세계 최장수 남성' 기록을 갈아 치울 가능성은 거의 사라졌다고 봐야 한다).

이후 며칠간 릭은 정밀검사를 위해 보다 전문적인 심장 전문의와 검사일을 잡았다. 다시 일련의 검사를 진행한 뒤, 그 심장 전문의는 충격적인 처방을 내렸다. 내 심장을 제대로 뛰게 할 유일한 방법은 심장을 잠시 멈추게 했다가 강력한 전기 충격으로 다시 뛰게 하는 것이라고 했다. 그렇다. 당신이 제대로 읽었다. 내 고장 난 심장이 새로운 리듬을 찾으려면 일단 심장을 멈추게 해야 했다.

당신이라면 이렇게 하겠는가? 더 오래 살려고 죽을 위험을 무릅쓰겠는가? 더 온전히 살고자 모든 걸 수 있겠는가?

예수님은 그분을 따르려면 모든 것을 거는 재설정이 있어야 한다고 말씀하셨다. 그리고 이는 마치 죽었다가 처음부터 다시 시작하는 것과도 비슷하다 하셨다. 예수님은 그 무엇에도 방해받지 않고 그분만을 바라보는 사람이 되려면 완전히 새로운 시작이라는 강력한 조치가 필요하다고 말씀하셨다.

누구나 원한다면 새로운 피조물이 될 수 있다. 안타까운 건 대부분 이 사실을 원하지 않는다는 것이다. 우리는 하나님이 약속해 주신 삶보다 다른 것들에 정신 팔린 산만한 삶이라는 안전하고 익숙한 형태에 만족한다. 물론 예수님이 우리를 새로운 피조물로 변화시키고 싶어 하신다는 걸 잘 안다 해도, 항상 해 오던 방식대로 산다면 전혀 새로워질 수 없다. 완전한 재설정은 그리 쉽지 않으며 뜻밖의 위험이 따른다. 크나큰 비극이나 상실이 필요할 수도 있다. 그런가 하면 아침에 머리를 맑게 하는 것만으로 가능한 경우도 있다.

어떤 식으로든 새로운 심장(마음)의 리듬을 찾으라. 어렵게 생각할 것 없다. 마음을 바로잡으려고 무엇이든 하겠다고 결심한 뒤 행하라. 설령 그것이 당신의 옛 모습을 다 죽이는 것이라 해도.

당신의 마음이 어떤 리듬으로 뛰어야 더 용감하고, 희생적이고, 사랑 많은 사람이 될 수 있을까? 어떻게 해야 마음이 기쁨의 리듬으로 뛰고, 기능장애와 주의 산만한 리듬이 사라질까? 그 답을 알아내라. 필요하다면 모든 것을 완전히 뜯어고치라.

단, 우리의 심장은 다 조금씩 다르게 뛴다. 어떤 심장은 빠르게 쿵쾅거리고 어떤 심장은 느리게 뛴다. 당신에게는 지루하기 짝이 없는 일이 누군가에게는 반짝거리는 일이 된다. 당신을 슬프게 만드는 일이 누군가에게는 주목할 만한 일일 수 있다. 또 당신에게는 대수롭지 않은 일이라도 누군가에게는 소름끼치게 다가온다. 혹시 이런 상황이 다가오면 서로를 참아 주라. 우리 모두의 마음 상태는 서로 다르며, 다르게 표출된다. 나를 모르는 사람은 내 마음도 잘 모르면서 제멋대로 나를 판단할 수 있다. 우리 모두는 하나의 열쇠 구멍을 통해 같은 영원을 보면서도 현재 속에서는 저마다의 삶을 산다. 누구나 심장이 뛰어야 하는 건 마찬가지지만, 다 같은 속도로 뛰어야 하는 건 아니다.

남들과 같아지려고 애쓰지 말라. 하나님을 영화롭게 하고 싶다면 당신 자신이 되라. 그렇지 않으면 당신 안에 숨겨진 하나님의 독특한 은사가 온전히 펼쳐지지 못한다. 예수님은 서로 올바른 관계를 맺을 때만 하늘 아버지와의 풍성한 관계가 가능하다고 말씀하셨다. 다시 말해, 하나님을 사랑한다고 말하면서 그분이 지으신 사람을 사랑하지 않는다면, 심지어 당신과 나처럼 불안정하고 넘어지기 쉬운 사람도 사랑하지 않는다면 우리 마음은 분명 좋은 상태가 아니다. 이 상태를 계속해서 무시하거나 잊어버리려 하지 말라. 더 많은 지식을 얻거나 논쟁한다고 더 풍성한 믿음을 갖게 되는 것은 아니다. 이런 것들에 방해받아서는 안된다. 가서 주변 사람과 '하나'가 되라. 사람을 비난하지 말라. 편한 사람하고만 어울리지 말라. 어울리기 힘든 사람을 찾아서 '하나'가 되려고 시도하라.

새로운 방식대로 살려니 한숨이 절로 나오는가? 나도 별다르지 않다. 하지만 내가 원하는 건 불규칙한 심장박동이 아니라 새로운 심장박동이다. 더 좋은 곳으로 가려면 새로운 시작이 필요하다.

예수님의 제자들은 천국에서 누가 그분의 측근 자리를 차지할지 옥신각신하는 데 정신을 팔았다. 그때 예수님은 영원한 진리를 가르치며 어리석은 논쟁을 끝내셨다. 그분은 어린아이처럼 변화되지 않으면 결코 하나님 나라에 들어갈 수 없다고 말씀하셨다. 어릴 적 나는 어떤 비밀 주문을 잘 조합해서 기도하면 천국 문이 열리는 줄 알았다. 하지만 그것만으로는 부족하다. 예수님은 우리에게 어린아이처럼 순수한 믿음(유치한 믿음이 아닌)이 있어야 한다고 하신다.

나는 내 심장을 재설정하려고 다시 병원에 갔다. 언제나 그렇듯 간호사는 내게 푸른색 환자복을 주었고 시술 준비하는 장소로 나를 안내했다. 내 심장을 다시 뛰게 해 줄 의료진에 대해 내가 가진 정보 전부를 잠시 생각해 보았다. 몇 가지 안 되었다. 하지만 나는 큰 의심없이 그에게 내 심장을 멈추었다가 다시 뛰게 하도록 내 몸을 맡겼다. 여기서 중요한 질문 하나! 하나님이 당신 마음을 고치시도록 맡기기 위해 얼마나 더 많은 정보가 필요한가?

의료진은 나를 바퀴 달린 침대에 올려 배가 위로 향하게 눕힌 뒤 나를 온갖 종류의 모니터에 연결했다. 내 심장이 멈추었다가 다시 뛸 때 내게 너무 심한 충격을 가하지 않으려는 조치였다. 나를 아주 잠깐만 죽인 다음 살려 내야 했다. 그들이 충격 장치를 점검하기 시작하는데 솔직히 지독히 두려우면서도 아찔할 만큼 흥분됐다. 첫째, 이건 한 번도 해 본 적 없는 경험이었고 나는 새로운 경험이라면 사족을 못 쓰는 인간이다. 둘째, 내가 살아서 전할 수만 있다면 정말 최고의 이야깃거리가 될 게 분명했다. 셋째, 이 시술이 성공하기만 하면 이식을 위한 출혈과 메스와 수술 없이도 새로운 심장을 얻은 것이나 다름없었다. 물론 어느 정도 위험은 따르지만 새로운 출발이라는 유익을 생각하면 썩 괜찮은 도박이라고 생각했다.

마취가 시작되었다. 의식이 흐려지더니 이내 사라졌다. 흰색 가운을 입은 사람이 충격 장치 두 개를 서로 문지른 뒤 제세동기를 켜는 모습을 상상하면서……

얼마나 시간이 흘렀을까? 마침내 나는 깨어났다! 마치 크리스마스 아침의 스크루지처럼 새 삶을 덤으로 얻은 기분이었다. 눈을 뜨니 의료진이 내 주위로 분주하게 움직이며 모니터들을 점검하고 있었다. 내 정신이 또렷하게 돌아오자 의사가 나를 향해 씩 웃어 보였다.

"여긴 천국이 아닙니다. 시술은 성공적으로 끝났습니다."

갑자기 나는 열세 살 중학생의 심박수를 갖게 되었다. 그 심박수는 지금도 여전하다.

심장은 평균적으로 평생 25억 번 뛴다. 이렇게 많이 뛰면서 머리끝에서 발끝까지 혈액과 산소를 보내려면 매우 강한 근육이 필요하다. 테니스공을 손으로 찌그러뜨려 본 적 있는가? 심장이 한 번의 펌프질로 우리에게 생명을 주려면 그만한 힘이 필요하다. 무슨 말이 하고 싶냐면, 심장 노릇 하기가 쉽지 않다는 거다.

그러니 심장을 잘 돌봐 주라. 알겠는가? 당신의 신앙과 관계들을 통해 심장을 돌보라. 심장을 공격하는 모든 스트레스를 추적하라(그 무엇으로도 대체할 수 없는 당신의 하나뿐인 놀라운 몸을 제발 잘 돌보라).

지금 내 심장은 새로운 리듬으로, 정상적인 속도로 힘차게 잘 뛰고 있다. 당신 심장은 어떤가? 영원하지 않은 것들을 쫓아다니느라 헐레벌떡거리는가? 틈만 나면 중요하지 않은 것들에 방해받고 있는가? 이 시술 뒤에 의사는 내 심장에 스트레스 주지 않는 게 최선이라고 했다. 당신에게도 좋은 조언이 아닐까 싶다.

심장은 사람마다 다르다. 하지만 모두 다르게 뛰면서도 함께 뛸 수 있다. 그러기 위해 필요한 모든 일을 하라. 심지어 그 일이 약간의 충격을 가하는 것이라 해도.

지난 몇 년간 사람들에게 시간을 내주는 사람이 되고 싶다고 늘 생각해 왔다. 100만 부가 넘게 팔린 내 책 뒤에 내 휴대폰 번호를 과감하게(혹은 무모하게) 공개한 이유다. 밖에서 보면 이보다 더 비효율적인 짓도 없다. 일의 효율성과 생산성만 따지는 사람에게는 더욱 그러하다. 그러나 우리는 우리가 주변 모든 사람에게 쏟아부은 사랑으로 세상에 기억된다. 고개를 푹 숙인 채 일에만 파묻혀 지내면 바로 옆 사람에게 사랑과 은혜를 베풀 좋은 기회를 놓친다. 이런 삶은 내가 원하는 바가 아니다. 매일 터무니없이 걸려 오는 전화는 내가 어떤 사람이 되고 싶은지 늘 기억하게 해 준다. 이런 전화는 내게 전혀 방해꾼처럼 느껴지지 않는다. 당신은 어떤가? 자신이 어떤 사람이 되고 싶은지 기억하기 위해 무엇을 하고 있는가?

지난 2년 사이에 나의 이런 행보는 새로운 국면을 맞았다. 나는 몇몇 멋진 사람이 자신, 가족, 진로, 신앙에 관해 큰일을 이루도록 조언하고 이끌어 주는 일을 시작했다. 이 새 친구들에게 일주일 내내 전화가 온다. 물론 그 바람에 하루 일정에 자주 차질을 빚는다. 하지만 동시에 누구에게나 시간을 내주는 내 삶의 꿈이 이뤄지고 있다. 이것이 단연 나의 가장 중요한 꿈이다. 이 꿈은 내 삶에 새겨져 있으며, 내 묘비에도 새겨질 것이다.

"언제나 남에게 시간을 내준 밥 고프, 여기에 잠들다."

당신 묘비에 무슨 말이 새겨지기를 원하는가?

"쓸데없는 것들에 방해받으며 살아온 아무개가 여기에 잠들다."

이런 비문을 원하는가? 정신이 번쩍 든다면 좋은 소식이 있다. 지금 당신에게 비문을 바꿀 힘이 있다는 사실이다.

내가 누군가와 통화한 뒤에 하는 가장 중요한 일 가운데 하나는 대화를 되돌아보며 기록하는 것이다. 전화 통화가 끝날 때마다 5분간 시간을 내어 대화를 돌아보고 대화 중에 적지 못한 것들을 채워 넣는다. 왜일까? 그렇지 않으면 다른 방해 요소에 정신이 팔려 내가 대화 중에 얻은 수확을 다 놓칠 게 분명해서다. 대화를 돌아보는 시간은 자신에게 가장 의미 있고 중요한 목적이 무엇인지 들여다보는 창구가 된다. 메모는 주의 산만을 피하는 좋은 방법이다. 메모는 마음에 와닿았던 내용을 기억하게 해 줄 뿐 아니라 내 관점을 다듬어 준다.

어떤 책이든 읽으면서 메모하라. 마음에 와닿는 부분을 어떻게 적용할지 써 보라. 나비는 즉시 그물에 잡아넣지 않으면 반드시 날아가 버린다. 메모하고 나서 그 메모를 연구하고 다듬으면, 누군가와 대화하던 중 휘갈겨 쓴 생각과 또 다른 대화 중에 쓴 생각 사이에 연결점을 발견하게 된다. 완벽하지는 않지만 의미 있는 생각을 얻고 삶에 적용하게 된다. 메모한 생각을 실제로 활용하면 그 생각이 피드백 루프를 형성해 더 완전한 생각으로 발전한다. 자신의 내적 세상을 들여다보고 다듬는 시간을 들이지 않으면 마음속에서 더 크고 아름다운 무언가를 발견할 기회를 놓친다.

지혜와 아름다움을 전한 사람 가운데 메모 마니아가 많다. 마르쿠스 아우렐리우스에서 베토벤, 루이스와 클라크, 마크 트웨인까지 역사 · 예술 · 문학 · 문화에서 두각을 나타낸 사람들은 대개 메모 마니아였다. 벤저민 프랭클린은 열세 가지 덕목을 만들었는데 그중 하나는 매일의 삶을 기록하는 것이었다. 아직 자신의 삶을 기록할 생각이 없는가? 한번 해 보라. 반드시 큰 유익이 있을 것이다.

유명한 영화감독 조지 루카스는 영화 〈스타워즈〉(Star Wars) 대본을 쓰면서 동시에 〈청춘 낙서〉(American Graffiti) 대본도 쓰고 있었다. 당시 영화계에서 어떤 장면을 찾는 방법은 어느 롤(roll)의 어느 대화(dialogue) 번호인지를 확인하는 것이었다. 누군가가 조지 루카스에게 〈청춘 낙서〉 롤 2, 대화 2의 한 장면에 관해 묻자 루카스는 수첩에 "R2D2"라고 바로 적었다. 그리고 루카스는 머릿속에서 〈스타워즈〉에서 중요한 역할을 수행할 사랑스러운 로봇 캐릭터를 구성하던 중 전혀 상관없는 이 메모를 활용했다. 전 세계적으로 유명한 〈스타워즈〉의 상징적 캐릭터의 이름은 이렇게 탄생했다. 루카스의 메모 습관은 창의성을 유지하고 발전시키는 방법이었다. 당신도 가능하다.

고린도 지역 교인에게 편지를 썼던 바울은 편지에서 그들의 삶이 세상을 향해 보내는 하나님의 편지와 같다고 말했다. 그들의 삶이 단순히 묘비에 새겨질 글이 아니라, 자신과 다른 누군가의 마음속에 새겨지는 글이라는 것이다.[1] 자신에게 중요한 생각과 진리를 기록하며 살아가면 다른 사람에게 상상할 수 없을 만큼 깊고 불가해한 영향을 미칠 수 있게 된다. 자신의 삶을 '글이 써 있는 책'이라고 보고 점점 더 좋은 글을 써 내려가라. 한 번에 한 문장씩 심혈을 기울이다 보면 어느새 역작이 되어 있으리라.

소크라테스는 반성하지 않는 삶은 살 가치가 없다고 말했다. 살 가치가 없다는 말에는 동의할 수 없지만 우리가 좀체 자기반성을 하지 않는다는 사실에는 동의한다. 어린 자녀를 키우거나 스트레스가 많은 일을 하고 있다면 삶이 얼마나 힘든지 너무도 잘 알 것이다. 녹초가 되어 이부자리 위로 쓰러졌다가 아침에 겨우 일어나 지옥 같은 하루를 또다시 시작한다. 이런 날이 계속되다가 어느 날 돌아보면 몇 년이 훌쩍 지나가 있다. 이런 함정에 빠지지 말라. 그날 배운 교훈을 그날 기록하라. 반성 없는 삶은 사라지는 수증기와도 같다.

예수님의 형제 야고보는 편지에서 내일 무슨 일이 일어날지 아무도 모른다고 썼다. 그는 우리네 삶이 잠깐 나타났다가 이내 사라져 버리는 안개와도 같다고 했다.[2] 나는 실제로 이런 경우를 많이 봤다. 당신도 마찬가지다.

내가 글을 쓰고 반성하기에 가장 좋은 시간은 이른 아침이다. 새벽에는 풀에 이슬이 맺혀 있고, 밤새 모인 안개가 아직 자욱하다. 그러다 동이 트면 이슬이 사라지고 안개가 걷히며 하루가 시작된다. 메모는 인생의 경험과 깨달음이 눈앞에서 증발하기 전 붙잡아 두는 좋은 방법이다. 나중에 잊어버리지 않도록 일상이라는 모험 가운데 배운 것을 기록하라.

지구상에는 하루살이 곤충으로 알려진 생물이 2,500종이나 존재한다. 그런가 하면, 지구상에서 가장 오래 사는 생물 가운데는 11,000년 이상이나 살 수 있다는 일종의 심해 해면동물이 있다. 대부분의 사람은 하루살이처럼 살지만 우리는 영원을 생각하면서 해면동물처럼 살아야 한다(물론 하루살이를 깎아내릴 생각은 없다. 이 생명체의 세계관 일부도 배울 필요성이 있다. 야고보가 말한 것처럼 우리는 내일 어떤 일이 일어날지 알지 못하기 때문이다).

한편, 사실상 죽지 않는 해파리 종류도 있다. 잘 들어 보라. 이 해파리는 나이를 정말 많이 먹자마자 어린 해파리로 돌아가서 처음부터 다시 자라난다. 나는 이런 사람은 되고 싶지 않다. 다만, 살면서 쌓은 지혜는 그대로 유지하면서 어린아이 같은 믿음으로 돌아가고 싶다. 살면서 얻은 지혜와 점점 더 깊어 가는 어린아이 같은 믿음을 겸비하고 싶다. 당신은 어떤가? 이런 삶의 방식에 동참하고 싶은가? 그렇다면 더 순수하고 더 열정적이고 더 집중된 삶으로 돌아가기 위해 어떻게 해야 할까?

우리가 얼마나 오래 살든 상관없이 기억해야 할 사실이 있다. 바로 우리가 세상에 보여 주는 분명한 인생의 목적, 흐트러지지 않는 에너지, 희생적 사랑, 이타적 추구가 우리의 유산이 될 거라는 사실이다. 다른 모든 것은 이에 비하면 별로 중요하지 않다.

우리 삶,
어쩌다 '불안의 감옥'이 되었을까

그동안 나는 교도소에 좀 더 자주 가려고 애써 왔다. 수감자로서가 아니라 수감자들의 친구로서. 물론 내 아이디어는 아니었다. 나는 예수님이 우리에게 주신 명령을 따를 뿐이다. 겉으로 보면 교도소는 기분 좋은 곳이 아님에 틀림없다. 교도소 앞을 지날 때마다 가시나 칼날 같은 날카로운 게 달린 철조망과 창문 없는 건물에 섬뜩함을 느끼곤 한다. 높다란 감시탑에서 중무장 한 보초가 주변을 감시하는 감옥도 있다. 사람을 가두려고 만든 곳은 어쨌든 자연스럽지 않다. 그런데 바로 그 때문에 내가 가야겠다고 생각했다. 하나님은 예수님이 약속하신 자유를 잃어버린 우리의 옛 상태를 기억하면서 수감자에게 찾아가 은혜와 긍휼을 나타내기를 원하신다. 나는 그렇게 생각한다.

내가 가장 자주 찾아가는 교도소는 유명한 샌 퀜틴 주립교도소다(벌을 받는 교정기관이 왜 유명한지 모르겠다). 160년도 더 전에 설립된 이 교도소는 찰스 맨슨 같은 악명 높은 죄수들을 수감했고, 수감자들은 그곳을 100년 넘게 "아레나"라고 불렀다. 캘리포니아 주 모든 사형수가 이 교도소에 수감되었으며, 1938년 설치된 가스실이 1996년까지 사용되기도 했으니, 분명 무시무시한 곳임에 틀림없다. 하지만 내게 이곳은 수감자, 교도관들과 우정을 쌓는 장소였다. 그들은 내게 많은 것을 가르쳐 주었고 나를 더 나은 사람이 되게 해 주었다.

이 교도소에서 약 50여 명의 남자들과 함께 수업을 진행한지 꽤 됐다. 그곳에는 다양한 인생을 살아온 사람들이 모여 있다. 과거에 뛰어난 사업가였지만 큰 실수를 저지른 이도 있고, 살인을 저지른 사람에서 세금을 제대로 내지 않은 사람까지 수감된 이유도 다양하다. 하지만 이들 모두에게 한 가지 공통점이 있다. 현재 사방이 철통같이 경비되는 높다란 담에 둘러싸여 살고 있고, 앞으로도 꽤 오랫동안 그곳에서 살 거라는 점이다.

하루는 내 수업에 참여했던 케빈이란 남자에게서 전화를 받았다.

"고프 선생님, 저, 지금 담 밖에 있어요."

'설마 이불을 하나로 묶어 창문 아래로 늘어뜨리지는 않았겠지?'

"저, 나왔어요. 출소했다고요!"

그가 신이 나서 말했다.

나는 인생을 바꿀 만한 대답을 기대하며 물었다.

"축하해요! 그런데 밖에 나와서 처음 든 생각이 뭐였나요?"

케빈은 잠시 고민하다가 대답했다.

"그러니까…… 저한테 호주머니가 있다는 걸 깨달았어요."

잠깐! 뭐라고? 심오한 신학적인 말을 기대한 건 아니었다. 하지만 그의 말을 곱씹을수록 더없이 심오한 신학적 뜻이 담겨 있다는 생각이 들었다.

"거기에 뭘 넣을지 신중하게 결정해야 해요."

우리 모두에게는 호주머니가 있다. 그런데 우리가 호주머니에 넣는 것들이 우리 마음과 삶의 방해 요소가 될 수 있다. 후회, 분노, 상처, 오해 같은 것들 말이다.

내 수업을 듣는 몇몇 남성 수감자들과 교도소 마당을 거닐고 있었다. 그들은 거의 자동차만 한 역기를 가볍게 들어 올리며 농담을 주고받았다. 나는 바로 옆에 서 있는 남자에게 역기는커녕 바만 들어도 두 사람이 들어 올려 줄 때까지 가슴이 눌려 있을 거라고 장난스레 말했다. 같은 날 수업 시간, 나는 빙 둘러앉은 수감자들에게 아까 마당에서 나눈 대화를 이야기하며 혹시 자기 가슴을 짓누르는 게 있는지 물었다.

한 사람씩 돌아가면서 말하는데 왼쪽에 있는 남자가 감방 동료 때문에 힘들다고 토로했다. 좁디좁은 감옥에 몸무게가 100킬로그램이 넘는 남자 두 명이 같이 있으니 힘들 만도 했다. 또 다른 남자는 가족과 10년 넘게 떨어져 지낸 바람에 사이가 소원해졌다고 말했다. 아내가 헤어질 생각이라고 했다. 그의 얼굴이 몹시 슬퍼 보였다. 두 사람이 얼마나 절망적일지 그저 짐작만 할 따름이다.

돌아가면서 이야기하다 마침내 내 오른쪽에 앉은 남자가 일어섰다. 그는 한참 바닥을 응시하다가 고개를 돌리더니 한 사람 한 사람 눈을 마주쳤다.

"18년 동안 저는 여기서 항상 그 짓을 하지 않았다고 말했죠."

그는 말을 멈추고 심호흡을 한 뒤 힘겹게 입술을 떼었다.

41

"실은…… 제가 했습니다. 그 짓을 제가…… 했어요."

이 말을 들은 어느 누구에게도 정죄의 눈빛은 없었다. 포용만이 가득했다. 그 순간 그 남자는 내가 만난 누구보다도 자유로웠다. 우리가 자신을 솔직하게 드러낼 때 일어나는 기적이다.

수치는 스스로가 만든 벽 안에 자신을 가두고 아무도 들어오지 못하게 만든다. 질투와 원망, 정죄도 마찬가지다. 교만한 죄수들은 하나같이 자신이 간수라고 착각한다. 우리에게 필요한 건 우리를 받아들여 주는 공동체가 제시하는 일종의 탈옥이다. 이런 공동체를 찾아, 불가능하다고 생각했던 수준의 자유와 집중력을 경험하라.

샌디에이고에 있는 우리 집과 그리 멀지 않은 교도소에서 20대 초반의 청년을 만난 적이 있다. 그는 어리석은 실수로 자유를 잃은 상태였다. 두려움과 외로움에 빠진 그는 친구를 절실히 원하고 있었다. 나는 그의 가족과 알고 지내던 사이라 내가 찾아가면 무척 반기리라 생각했다. 전에도 몇 번 면회한 적이 있어서 그를 만날 곳이 감방과 거의 흡사하다는 사실을 알고 있었다. 변호사로서 접견하기 위해 마련된 장소지만, 내게는 그저 겁에 질린 아이를 만나는 방이었다. 다만 콘크리트 벽보다 약간 두터운 벽에 방탄유리, 육중한 문, 몇 개의 전기 자물쇠가 있는 조금 특별한 방.

간수들은 우리를 방에 넣어 두고 자물쇠로 잠갔다. 아이러니하게도 갇힌 자를 면회하는 사람도 갇힌 자가 된다. 면회실은 마치 한 톨의 따스함이나 소망, 인간성도 용납할 수 없게끔 설계된 것처럼 무겁고 우울한 기운이 공간 전체에 흐르고 있었다. "좋은 생각은 하지도 마!"라고 외치는 듯했다.

젊은 친구가 방으로 들어왔다. 수갑이 풀리고 의자에 앉아 그의 이야기를 들으며 나는 은혜와 공감을 표시하려고 최선을 다했다. 그러다 일이 벌어졌다. 마치 모든 것이 한순간에 끔찍하게 변하는 영화 속 한 장면 같았다. 교도소 전체에 전기가 나간 것이다. 면회실 천장 등이 꺼지고, 비상등이 번쩍거렸다. 전력이 끊기니 면회실도 완전히 차단되었다. 심지어 간수들도 들어갈 수 없었다.

마당에 있던 수감자들이 탈출할 절호의 기회라고 생각한다면? 식당에 있던 수감자들끼리 큰 싸움이 벌어진다면? 그 교도소에 수감자가 많다는 이야기를 했던가? 이런 일이 벌어진다면 상황은 걷잡을 수 없이 커질 것이다.

이후 4시간 동안 그 청년과 나는 줄곧 이 방에 함께 갇혀 있었다. 전화를 걸려고 해 봤지만 먹통이었다. 같은 이유로, 그 어떤 전화도 받지 못했다. 밖에 나가고 싶었다. 몹시! 암석 깨는 망치라도 있다면 구멍을 뚫고 배수관을 타고서라도 탈출했을 것이다.

영화 속 한 장면과도 같은 상황에서 다행히 별다른 일은 벌어지지 않았다. 하지만 그 청년은 4시간 뒤에도 여전히 두려움에 빠진 채 친구를 몹시 필요로 했다. 문득 최고의 보안 시설이 가장 불안한 장소로 바뀌었다는 생각이 들었다. 이 불안감이 나와 그 젊은 친구의 삶에 어떠한 영향을 끼칠까?

우리는 대부분 안정을 추구하고 불안을 숨기려 무척 애쓴다. 터럭만큼의 상처도 받지 않으려고 벽을 세우고 방탄유리를 설치한다. 안타깝게도 내면은 그저 친구가 간절한 겁먹은 사람임에도 겉으로는 안전이라는 외관을 구축하려고 평생을 허비한다.

내가 아닌 다른 모습인 척하며 살아왔노라 인정할 용기가 있는가? 당신은 진짜 모습을 보일 공간이 필요한 수감자인가? 약하거나 두려운 모습을 보이지 않으려는 노력에 쓸데없는 힘을 쏟고 살았는가? 내면이 통제 불능이어서 대신 주변 사람을 통제하려고 많은 시간을 허비하는가? 이런 일에 얼마나 많은 에너지를 빼앗기고 있는가? 불안보다 더 크고 아름다운 에너지가 얼마나 많이 누출되고 있는가?

우리 모두는 어느 정도 불안을 안고 살아간다. 하지만 각자의 방법으로 이 불안을 감추고 겉으로는 잘 내색하지 않는다. 청

중 앞에서 당당하게 말하는 사람이 있는가 하면 그렇지 못한 사람도 있다. 어떤 사람은 불안해지면 쥐 죽은 듯 조용해지는 반면, 그럴수록 법석을 떠는 사람도 있다.

하나님을 영화롭게 하고 싶다면 자신에게 있는 불안을 무시하거나 부인하지 말라. 불안이 표출되어 나타나는 이상한 행동도 간과하지 말라. 이를 받아들이고 안아 주라. 그러나 불안의 포로가 되지는 말라. 불안이 어디에서 왔는지 알아내서 그곳으로 돌려보내라. 불안한 감정이 당신 앞길을 막으면 이를 다스리고, 더 이상 방해받지 않는 삶을 살기로 결심하라. 가장 불안해하는 다섯 명에게 영향을 받아 평균치의 삶을 살 텐가, 아니면 방해 요소에 조금도 한눈팔지 않고 가장 중요한 데 철저히 집중하는 사람을 본받을 텐가? 후자를 택하라.

물론 이러한 삶이 쉽지는 않다. 우리 모두 날마다 내면의 갈등에 시달리기 때문이다. 인간이란 다 그렇다. 성경 서신서 가운데 많은 부분을 쓴 바울도 원치 않는 것은 계속해서 하고 정말 원하는 것은 하지 않는 자신이 너무도 답답하다고 했다.[1] 나로서는 남 이야기 같지 않다. 필시 당신도 마찬가지이리라. 그 이유는 단순하다. 우리를 잡아끄는 것들이 삶에 너무 많다. 한쪽에서는 불안이, 다른 쪽에서는 불안을 잘 감출 수 있는 것들이 우리를 잡아끈다. 그래서 때로는 우리 존재 자체가 오락가락한다.

그렇다면 '현재 내 모습'과 '원하는 내 모습'이 각기 다른 방향에서 잡아끌 때 이 둘을 어떻게 만나게 할까? 이는 자신의 그림자에서 분리된 피터 팬과 크게 다르지 않다. 피터 팬이 더 이상 자신에게 붙어 있지 않은 그림자를 쫓아다니느라 방 안을 이리저리 뛰어다니는 장면을 기억하는가? 삶이 대개 이러하다. 여러 갈래로 분열되어 있지만 그렇지 않게 보이려고 갖은 애를 쓴다. 피터 팬은 벽과 천장으로 도망치는 자신의 그림자를 잡으려고 여기저기 뛰어다닌 끝에 결국 붙잡고야 만다.

그림자를 붙잡은 순간, 피터 팬에게 필요한 건 지식이나 정보가 아니었다. 그보다는 자신과 분리된 그림자와 다시 만날 수 있도록 도와줄 친구가 필요했다. 피터 팬이 붙잡은 그림자를 비누로 자신에게 붙이려 끙끙대고 있을 때 요정 웬디가 찾아와 실과 바늘로 꿰매 주어 이를 해결해 준다. 목적이 있는 사람들은 자아를 다시 꿰매 주는 손길을 기꺼이 받아들인다. 그들은 자아가 분열되어 있음을 인정하며, 자신을 다시 통합시켜 줄 안전한 친구에게 기꺼이 자신을 맡긴다.

당신 자신에게로 돌아가라. 당신의 진정한 자아와 다시 친해지라. 진정한 자아는 모두가 보는 모습과 모두가 보지 못하는 그림자를 합친 것이다.

내가 가장 즐겨 어울리는 사람들은 내게서 인정을 찾지 않는 사람이다. 완벽하지 않지만 그와 상관없이 하나님께 사랑받고 있음을 알고 이미 자신의 있는 그대로를 받아들인 사람들이다. 자신을 사랑하는 사람과 어울리면 얼마나 기운이 나는지 모른다. 이런 사람을 닮아 가고 싶다면 레드 카펫을 깔고 당신 삶으로 초대하라.

불안을 내던지고 하나님이 인정하셨음을 받아들이라. 건강하지 못한 친구나 동료, 가족, 세상의 기대를 벗어던지고 자신의 있는 모습 그대로를 만족하면 얼마나 날아갈 듯 삶이 가벼워지는지!

할아버지가 된 뒤로 나는 집에서 많은 시간을 보내기로 결심했다. 이전의 내 책들을 읽어 본 사람이라면 내가 목요일에는 아무것도 하지 않고 쉰다는 걸 알 것이다. 몇 년 전 1월 초 어느 목요일, 나는 그날 이후 예정된 일흔두 차례의 강연 약속을 취소했다. 큰 대가가 뒤따랐지만 손주들과 함께하는 시간을 놓치고 싶지 않았다. 어찌 보면 그 전까지의 삶은 이 새로운 시기를 향해 달려온 세월이었다.

대부분 내 결정을 기꺼이 받아 주었다. 하지만 애리조나 주 행사는 내가 가지 않으면 곤란한 상황이었다. 그들은 정중하게 다시 생각해 달라고 요청했다. 그들을 곤란하게 하고 싶지 않았던 나는 약속을 지키고자 마음먹었다. 당시 전 세계적으로 벌어지는 일 때문에 사람이 붐비는 일반 항공기를 타기가 좀 불안했다. 마침 내게 조종사 면허증도 있고 해서 저렴한 개인 비행기를 빌려 직접 조종하기로 했다.

샌디에이고에서 애리조나 주까지 주간 비행은 특별할 게 없다. 드디어 행사가 끝나고 집으로 돌아갈 시간이 됐다. 늦은 밤이었다. 샌디에이고와 피닉스를 가르는 사막과 산맥을 넘어야 했다. 비행기 아래에는 어두운 사막이 자리 잡고 위로는 새까만 하늘이 펼쳐진 시각. 나는 밤하늘로 날아올랐다. 조종실 비행 장비 외에는 아무것도 보이지 않을 정도로 칠흑같이 어두웠고, 주변에 가득한 적막이 아름답게 느껴졌다. 나는 기분 좋게 야간 비행을 시작했다.

사람이 살지 않는 지역에서의 야간 비행은 도시 위 비행보다 조금 더 까다롭다. 아무런 불빛이 없어서다. 빛이 없으면 방향을 잃기 쉽다. 그럴 때는 빙빙 돌거나 자신도 모르게 하강하다가 무언가에 충돌하지 않도록 기기들을 의지해야 한다. 그래서 사막 위에서 비행 장비 두 개가 작동하지 않았을 때 얼마나 겁이 났는지 모른다. 장비들이 작동하다 말다를 반복하니 마치 에너지 드링크를 벌컥벌컥 들이키기라도 한 듯 정신이 번쩍 났다. 상황이 급박해졌다.

나는 산 위로 날아가도록 날개를 수평으로 유지한 채 고도를 높였다. 두어 시간 동안 그렇게 날다 보니 마침내 샌디에이고 도시의 불빛이 시야에 들어왔다. 집에 오니 기분이 그렇게 좋을 수 없었다.

내가 이 이야기를 꺼낸 요지는 뜻밖에 맞은 캄캄한 상황에 서도 목적지로 향하는 길에서 벗어나지는 말라는 것이다. 날개를 수평으로 해서 고도를 높이라. 불빛을 찾아 그 방향을 향해 나아가라.

나는 천성적으로 낙관주의자다. 하늘이 무너지는 소리가 들려도 무언가를 잡기 위해 그물을 챙기는 사람이다. 때로는 약간의 비현실적인 사고가 도움이 되기도 한다. 성경 시대의 키니코스학파(Cynics)는 현대의 냉소주의자들(cynics) 같지 않았다. 완전히 다르다. 그들은 소박하고 겸손하게 살았다. 그들 중 한 명인 디오게네스는 커다란 항아리 안에서 살았다. 그는 낮에도 등불을 들고 아테네 전역을 돌아다녔다. 사람들이 왜 대낮에 그러고 다니느냐 묻자, 그는 고결한 삶을 사는 남녀를 찾고 있다고 대답했다.

고결하게 사는 사람을 찾아서 어울리라. 또한 주위 사람들에게서 흠을 찾는 대신, 고결함을 찾아보라. 그러면 당신 삶이 나아갈 아름다운 길을 발견하게 될 것이다.

현대의 냉소주의자들은 이렇게 행동하지 않는다. 항상 짜증이 나 있는 저격병과도 같지만 용감함과는 거리가 멀다. 그들은 스스로를 높인 뒤 자신의 지위를 위장한다. 자신이 쌓은 드높은 곳에 숨어 있다가 자신이 통제하려는 사람에게 무차별 폭격을 가한다. 그들 말에 동의하거나 굴복하지 않으면 표적이 된다.

나는 야간 비행 때 조종석에 이런 냉소주의자를 앉히고 싶지 않다. 당신도 삶의 조정석에 냉소주의자를 앉히지 말라. 혹시 당신이 냉소주의자처럼 굴고 있다면 자신을 위해서나 우리를 위해서나 그만두라. 당신의 냉소적 반응이 세상에 도움이 되는 줄 알지만 전혀 그렇지 않다. 당신은 모르겠지만 사실 당신은 세상에서 방해꾼이요 걸림돌이다.

과장이 아니고, 현대의 냉소주의로 수많은 사람들의 마음과 삶이 무너졌고, 숱한 치료제들이 세상 빛을 보지 못했으며, 금전적으로도 막대한 손해를 보았다. 또한 현대의 냉소주의는 수많은 저녁 식사 자리를 망쳤다. 주변 사람에게 냉소주의자가 되지 말라. 냉소주의는 암울한 말로 사람들을 축 처지게 만들고 삶을 방해할 뿐이다. 냉소주의자들은 자신의 불안을 감출 뿐이며, 무의식적으로 다른 사람과의 공통분모를 줄이려 노력한다. 분명 그들은 자신이 현실주의자라고 말하겠지만 나는 그 말에 전혀 동의할 수 없다.

부정적 분위기가 주는 안 좋은 영향을 받고 있는가? 다행히 치료제가 있다. 냉소주의자가 당신을 끌어들이려 어두운 초대장을 내밀 때마다 즉시 돌려주라. 오랫동안 휠로 달려온 타이어 없는 자동차에 타라고 초대하고 있는 것이다. 이것이 그들이 그토록 많은 소음과 스파크를 일으키는 이유다. 차라리 그냥 버스를 타라. 그마저 여의치 않다면 걸어가라. 더 이상 냉소주의자들 차를 덥석 얻어 타지 말라. 그들이 향하는 길은 방해 요소가 가득한 삶으로 향하는 일방통행 길이다.

게다가 여지껏 나는 용감한 냉소주의자를 단 한 명도 만나보지 못했다. 당신은 그런 냉소주의자를 만나 봤는가? 오히려 나는 한눈팔고 엉뚱한 곳으로 가면서 나더러 따라오라고 손짓하는 냉소주의자는 많이 만나 봤다. 미끼를 덥석 물지 말라. 심지어 사랑과 포용이 가득할 것만 같은 믿음의 공동체 안에서도 자신과 의견이 다른 사람을 험담하고 손가락질하고 독한 말을 쏟아 냄으로써 행동을 통제하려는 이들을 쉽게 찾아 볼 수 있다. 이런 왜곡된 신앙에 눈길을 주지 말라. 어떻게 살아야 한다고 자신의 의견을 강하게 주장하는 것이 아니라, 오직 예수님과 그분이 어떻게 사셨는지만 이야기하는 곳이 올바른 공동체다.

우리끼리만 있으니까 몇 가지 묻겠다. 어떻게 살고 있는가? 집처럼 안락한 곳에서 벗어나 있는가? 고결함을 찾는 대신 흠결을 들추는 데 힘쓰는가? 분노하고 경악하기를 잘하는가, 아니면 어디에서나 희망과 가능성을 찾는가? 어찌해야 모든 사람과 상황에서 좋은 점을 찾을 수 있을까?

이 내용은 깊고도 진지한 질문이다. 솔직함과 포용과 은혜 안에서 답해 보기를 바란다. 설령 답이 마음에 들지 않더라도 답해 보라. 한눈팔지 말고 오직 위대한 목적만 바라보고 살려면 철저히 솔직해져야 한다. 자기 자신에게 진실을 말하면 그렇게 후련할 수가 없다. 현실을 있는 그대로 말하기를 두려워하지 말라.

두려움이라는 방해 요소 때문에 목적으로 가는 길에서 벗어나 있는가? 나도 가끔 그런다. 사실, 누구나 그럴 때가 있다. 그러나 하나님은 우리 삶이 감옥이 되도록 설계하시지 않았다. 더이상 거짓에 발목 잡힌 삶을 살지 말라. 우리가 그분의 자유를 받아들이는 만큼 우리는 자유롭다. 하나님은 우리 모두를 환한 빛 가운데로 초대하신다. 비행기에 타라고 손짓하고 계시다.

때때로 우리 삶은 캄캄한 어둠이다. 그럴 땐 날개를 수평으로 유지하고, 고도를 높이고, 나침반에 시선을 고정한 채 꾸준히 예수님을 향해 나아가라.

'오늘의 현실'에 충실하겠다는
결단 없이는

처음 비행기 조종을 배울 때 비행을 위한 거의 모든 것에 두 문자어가 존재한다는 사실을 알게 되었다. 예를 들어, 이륙하거나 착륙하기 전에 GUMPS 점검은 필수다. 먼저, 지면 가까이서 '연료'(Gas)가 떨어지지 않도록 가득 채워져 있는지 확인해야 한다. 그다음에는, 바퀴가 내려져서 단단히 고정되는 과정이 원활

하도록 비행기 '이착륙 장치'(Undercarriage)를 점검해야 한다. 이륙이나 착륙이 계획대로 되지 않을 때 돌다가 다시 시도하려는 동력이 충분하도록 연료 '혼합비'(Mixture)를 가능한 최대로 맞추어야 한다. 비행기의 '프로펠러'(Propeller) 조종 장치는 공기를 뚫고 나갈 때 날개 기울기를 바꿀 수 있는데, 이 장치 동력도 최대로 맞춰야 한다. 마지막으로 '안전벨트'(Seat belts)를 점검해야 한다.

비행기 연료가 떨어져서 추락하거나, 바퀴 내리는 걸 깜박해서 동체 착륙을 하거나, 동력이 없어서 이륙하지 못한 사건이 매년 끊이지 않는다. 비행기 조종 면허를 소지한 사람이라면 뻔히 알 거라 생각하지만, 짧은 시간에 결정할 게 워낙 많다 보니 정말 경험 많은 조종사도 중요한 단계를 깜박할 위험이 있다. 그래서 조종사들은 착륙이나 이륙 전에 항상 GUMPS로 점검한다.

또한 비행에서 중요한 것 중 하나는 조종실을 조용하게 유지하는 것이다. 조종실 밖에서 일어나는 방해 요소에 정신이 팔려 조종실에서 일어나는 일을 놓치지 말아야 한다는 말이다. 안타깝게도 농구계 전설 코비 브라이언트와 그의 딸, 그리고 그들과 비행기에 탑승했던 일곱 명에게 바로 이런 일이 일어났다. 조종사가 조종실 밖에서 일어난 일에 한눈팔다가 끔찍한 충돌을 일으켰다.

당신 삶이 바깥에서 일어난 일로 시끄러워졌다면 조용히, 차분하게 가라앉히라. 믿을 만한 친구 두어 명과 함께 삶의 활동 수치를 한두 단계 낮추는 작업을 하라.

당신은 보통 하루에 몇 가지 선택을 내리는가? 100가지? 후하게 쳐서 거의 1,000가지에 가까울 것 같은가? 놀라지 말라. 매일 우리는 약 35,000가지 결정을 한다. 마트에서 한 시간을 보내면 결정 개수는 더 는다. 일상적인 결정도 있고 굵직한 결정도 있다. 어디에서 살지, 결혼할지, 한다면 누구와 할지, 어떤 직장에 들어갈지 혹은 그만둘지 결정한다. 자가용을 살지 버스로 출퇴근할지, 케이크와 채소 중 무엇을 먹을지 결정한다. 누구를 믿고 믿지 않을지, 어디로 가서 얼마나 오래 머물지, 믿음을 받아들일지 거부할지 결정한다. 이외에도 수많은 결정이 우리 삶에서 이루어진다.

하지만 뜻밖에도 대부분 행복해지기로 결심하지는 않는다. 필시 사람들은 '행복'이 다른 선택의 결과라고 생각할 것이다. 하지만 그게 전부는 아니다. 물론 내가 처한 상황이 너무 힘들 수도 있다. 하지만 행복은 선택의 문제다. 우리가 행복해지기를 원하지 않는 건 아니다. 단지 행복하지 않은 수많은 것들에 방해받아 행복으로 돌아가지 않는 것이 문제다. 행복해지라는 초대나 허락이 필요하다고 생각하는 것도 문제일 수 있다. 무엇보다 행복한 감정이 유통기한이 훨씬 더 긴, 깊은 기쁨의 감정으로 변하는 것이 중요하다.

이 사실을 생각해 보라. 어른과 달리 아이들은 하루에 어른의 10퍼센트도 되지 않게 선택을 한다. 예수님이 우리에게 명령하신 어린아이 같은 믿음이 주는 유익 중 하나는 결정할 게 훨씬 줄어드는 게 아닐까 싶다. 선택이 줄면 다뤄야 할 방해 요소도 훨씬 줄어든다. 아이가 레고를 갖고 노는 걸 본 적 있는가? 마치 아이 자신과 레고 외에 나머지 세상은 존재하지 않는 듯 보인다. 아이는 오직 창의적인 즐거움과 목적에만 몰두한 채 다른 것에는 신경조차 쓰지 않는다. 한눈팔지 않고 오로지 현재에 집중하며 노는 아이들의 단순한 아름다움에 우리도 그러라고 천국이 춤을 추며 초대한다. 주변 어린아이에게 서로 교훈을 얻어야 한다. 영원한 것에 온전히 몰두하고, 선택하고 결정할 종류와 횟수를 줄이고, 기쁨을 되찾으라.

대부분의 사람은 집에서 행복을 찾고자 한다. 하지만 안타깝게도 집에서 행복을 누리고 싶은 만큼 오랜 시간 집에 머물지 않는다. 단순하고 복잡한 방해 요소가 사랑하는 사람에게서 우리를 떼어 놓는다. 그럴 때 미묘하면서도 해가 되는 결과가 나타난다. 서로 진정으로 함께하는 것보다 그저 물리적으로 가까이 있는 데 만족한다. 무슨 뜻인지 알겠는가? 사랑하는 사람과의 대화에서 감정과 몸짓에 관심을 보이지 않고 대화의 핵심만 듣는 경우가 그렇다. 커리어, 약속, 승진 같은 익숙한 것들, 과외, 스포츠, 스크린 같은 방해 요소가 우리 가정을 침범한다. 바쁜 전화, 비디오 게임, 줌 화상회의, 텔레비전 드라마, 각종 모임들이 우리를 방해한다.

방해받지 않는 삶을 원한다면 현실을 직시하고, 바쁨이 우리의 기쁨을 앗아 간다는 사실을 솔직히 인정해야 한다. 하지만 좋은 소식이 있다. 이런 상황에 빠지기 쉬운 만큼 바로잡기도 쉽다. 간단하다. 사랑하는 사람과 함께 야구 글러브를 갖고 공을 주고받으며 하루에 있었던 일을 이야기해 보라. 땔감을 모아서 불을 지피는 건 어떨까? 한동안 만나지 못한 사람들과 둘러앉아 타오르는 불꽃을 함께 감상하라. 그다음 날 불을 쬐다 옷에 배인 연기 냄새와 함께 값진 대화의 냄새가 날 것이다.

간절한 심정으로 해 보라. 생각만큼 시간이 많지 않다. 꽤 오래 산 이 사람의 말을 들으라. 날은 길지만 해는 짧다는 말이 있는데 대체로 옳은 것 같다. 하루하루 하찮은 것들로 채우다가 언젠가 정신이 들어 보면 10년 혹은 반세기가 훌쩍 가 있다. 너무 나이 들기 전에 스스로에게 물어보라.

'내가 여태껏 무엇을 했는가?'

현재의 나 자신에게 한번 물어보라.

'앞으로 남은 시간 뭘 하지?'

뭐라고 답하고 싶은가? 당신의 미래를 정한 다음, 실제로 지금의 당신 삶인 것마냥 몇 가지 구체적인 조치를 취하라. 예를 들면, 친구에게 전화를 걸어 사과하라. 꿈꾸던 일을 시작하고 도전하라. 하늘은 당신이 도전하기만을 기다리고 있다.

한번은 우리 가문의 가계도를 분석해 본 적이 있다. 그때 우리 가문의 남자들 나이가 장난감의 일련번호처럼 비슷하다는 사실을 발견했다. 마치 북장구를 멈추고 쓰러지는 에너자이저 토끼 장난감처럼 거의 모두 같은 나이에 쓰러지는 듯했으니까. 그래서 나는 그 연령대를 내게도 적용해서 내게 얼마나 많은 시간이 남았는지 기억하려고 그 시간까지 카운트다운 하는 시계가 있다. 너무 황당하거나 암울하게 들리는가? 전혀 그렇지 않다. 오히려 좋은 아이디어라고 생각한다.

한번 당신이 몇 살까지 살지 추정해 보라. 그래서 그때까지 카운트다운 하도록 타이머를 설정해 놓고 당신의 하루하루가 어떻게 변하는지 보라. 필시 말다툼은 줄고, SNS 스크롤을 덜 할 것이다. 무지개와 폭포수와 석양을 더 자주 볼 것이다. 웹 서핑을 하기보다는 실제로 서핑을 하고, 리얼리티 쇼를 보는 대신 자신이 살고 있는 현실에 집중할 것이다. 간단히 말해, 가상의 세계가 더 이상 당신을 방해하지 않고, 실제 삶은 훨씬 풍성해질 것이다.

우리는 '~하게 되면 행복해질 것이다'라는 함정에 빠지기가 쉽다. 행복은 '저 멀리' 있어서 노력해야 얻어진다고 생각한다. 이렇게 행복을 뒤로 미루면 안전하게 느껴진다. 하지만 잘 들으

라. 절대 안전하지 않다. 그러니 하나님의 도우심으로 선포하기 시작하라. 아무 조건도 붙이지 말고, 그냥 "지금 기쁨을 누릴 것이다"라고 말하라. 바울은 이보다 더 깊은 차원, 즉 만족에 관해 이야기했다.[1]

만족의 대가가 되어 보라. '행복'을 '만족'이나 '현재에 온전히 집중'이란 표현으로 바꾸면 모든 게 달라진다.

"나는 지금 만족할 것이다."

"나는 지금 현재에 온전히 집중할 것이다."

이러한 선포는 우리 삶에 막대한 힘을 풀어 놓는다. 놀라운 소식이 있다. 당신에게는 원하면 얼마든지 가능한 힘이 있다. 모든 상황, 실패, 결과, 실망스러움을 통제할 수 있다는 뜻일까? 물론 아니다. 하지만 그에 영향을 미칠 수는 있다. 하나님이 세상에 하고 계신 일을 보지 못하도록 우리의 시야를 흐릿하게 하는 방해 요소를 제거할 수 있다. 방해 요소가 사라지면 우리 내면부터 달라질 것이다.

실망스러운 일을 겪지 않으려 기대 수준을 낮출 필요는 없다. 넓고 기만적이고 움푹 파인 곳이 많은 출구로 나가서는 바람직한 곳에 이를 수 없다. 그보다는 하나님이 당신이 보거나 상상한 것보다 훨씬 더 크고 놀라운 일을 행하고 계심을 생각하라. 그렇게 해도 조금도 행복하고 기쁘지 않다면 아이스크림 한 스푼을 입에 넣어 보라.

행복이나 기쁨을, 단순히 뇌를 위한 쓸모없는 사치품이나 솜사탕으로 치부하기 전에 잠시 이런 생각을 해 보라. 행복과 기쁨으로 충만한 사람은 그렇지 않은 사람보다 훨씬 더 많은 일을 이룬다. 정말로 그렇다. 이 사실을 보지 못한 유일한 사람은 대개 행복하지 못한 사람뿐이다.

행복과 기쁨을 선택하면 친절과 공감, 관계라는 열매를 맺는다. 우리 안에 기쁨이 넘치면 우리 삶에서 겉으로 보이는 친절과 돌봄, 행동으로 드러나 모두가 알게 돼 더없이 좋은 사람이 된다. 이러한 사람이 세상에 더 많이 필요하다.

왜 내가 이 책에서 좋은 사람이 되라고 말할까? 그러지 않은 사람들은 주변 모든 사람에게 방해 요소가 되기 때문이다. 당신도 이 점을 잘 알 것이다. 혹시 당신이 그런 사람이라면 내심 이 점을 더더욱 잘 알 것이다. 단, '좋은' 사람이 되는 것을 좋은 척하는 것과 혼돈하지 말라. 자신 안에 있는 기쁨을 찾으면 다른 사람에 대한 존중과 공감, 섬김이 저절로 솟아난다. 다시 말해, 함께하기에 좋은 사람이 된다.

하지만 당신이 이미 알고 있듯, 항상 좋은 모습만 보일 수는 없다. 나를 예로 들어 보자. 나는 스스로 꽤 좋은 사람이라고 생각한다(주변 사람에게 물어보고 하는 말이다). 그럼에도 항상 좋은 모습을 보이는 사람과는 거리가 멀다. 분명 내가 주변 사람에게 은근히 안 좋게 대할 때가 많다고 생각하는 사람도 있을 것이다. 그들은 나의 어조나 제스처, 조금 무뚝뚝한 말, 미묘한 몸짓과 행동을 비난의 의미로 해석한다. 그런데 당신을 비난하는 사람들은 대개 자신도 남에게 그닥 잘하지 않는 경우가 많다. 사실 우리는 남의 잘못을 들추거나 자신의 잘못을 감추는 데 너무 많은 에너지를 쏟는다. 그 에너지를, 예수님이 약속하신 삶을 사는 데 쏟으면 더 좋으련만.

여하튼, 내게도 정말 보기 싫은 친척(최소한 예전에는 그랬던)이 있었다. 내 결혼식 때가 마지막 대화였다. 벌써 25년 전 일이다. 잠시 생각해 보자. *Love Does*(사랑은 행동한다)와 《모두를, 언제나》(*Everybody, Always*)라는 책을 쓴 사람에게 이런 문제가 있다고? 이 책 제목을 "사랑은 행동한다(하지만 가끔씩만)"와 "모두를(꼴보기 싫은 친척만 빼고), 언제나"로 바꾸어야 하는 건 아닐까? 당신은 어떤가? 당신이 삶으로 써 내려가는 책 제목은 무엇인가? 고통스럽겠지만 솔직하게 답해 보라.

그거 아는가? 우리가 가장 어울리기 싫어하는 사람들도 자신이 못됐다고 생각하지 않는다. 오히려 정반대다. 그리스도인이라면 어느 시점에서는 옳음을 내세우고, 어느 시점에서는 예수님처럼 할 것인지 지혜롭게 선택하고 결정해야 한다. 단순히 논쟁에서 이기고 지는 문제가 아니라 신앙의 유산을 쌓는 문제이기 때문이다.

사람을 잘 대하는 게 어렵다면 잠시 멈춰서 그 이유를 알아내라. 그리스도인은 남의 삶을 판단하고 정죄하려고 이 세상에 있는 것이 아니다. 우리는 누군가의 삶에서 벌어질 일을 기대하며 관중석에서 환호하고 박수를 쳐야 할 사람들이다. 자신이 옳다는 것을 증명해 보이려는 태도가 친절의 길을 방해한다면 심호흡을 하고서 자신이 어떤 사람이 되고 싶은지 곰곰이 생각해 봐야 한다.

어리석은 행동은 쉽게 잊히지만 기쁨에서 우러나온 친절한 행위는 영원히 기억된다. 게다가 요즘 세상에는 어리석은 자들이 가득하다. 어리석은 사람 눈에는 어리석은 사람이 정상으로 보인다. 하지만 어리석은 행동이 정상이 되어서는 안된다.

방해 요소는 현재에 충실하고 영원히 지속되는 것이 무엇인지 분별할 능력을 앗아 간다. 우리와 의견이 다르거나 마음에 들지 않는 사람들에게 잽 한두 방 날려 주면 통쾌할 수 있다. 그들이 황당한 입장을 고집하면 더더욱 그렇다. 자신처럼 분노한 사람 무리에 들어가 '저들'을 공격하면 소속감이 느껴져서 잠깐은 좋을 수 있다. 하지만 우리의 궁극적 거처는 이 땅에는 주소지가 없다. 그러니 영원을 추구하는 길고 오래가는 행동이 현명하다.

보이스카우트를 할 때 모닥불을 피우고, 유지하며, 적절히 끄는 법을 배우는 데 정말 많은 시간을 보냈다. 보이스카우트 단장은 야영지 주변 숲으로 우리를 데려가 어떤 나무가 오랫동안 잘 타고, 어떤 나무가 처음에는 큰 불을 일으키지만 금세 꺼져 버리는지 알려 주었다. 떡갈나무 같은 단단한 나무는 땔감으로 좋은 반면, 소나무 같은 연한 나무는 그렇지 않다. 떡갈나무는 잘 타고 연기도 잘 나지 않는 반면, 소나무는 폭죽처럼 순식간에 활활 타오르다가 이내 사그라진다. 나는 모닥불이 오랫동안 타려면 나무를 잘 골라야 한다고 배웠다.

세상에 큰 영향을 미치고 싶다면 당신의 삶에 소나무를 그만 던지고 떡갈나무를 던져 넣으라. 오래가는 비전을 품고 움직이라. 바울은 하나님이 디모데의 삶에 허락하신 불씨를 다시 살리기 위해 부채질을 했다.[2] 요컨대, 오래도록 인생의 불꽃이 타오르기를 바란다면 그에 알맞는 나무를 구하라.

삶이 좀 더 활활 타오르기 원한다면 삶을 방해하는 이기심에 더 이상 굴복하지 말라. 마치 불 한가운데에 생나무를 집어넣는 것과도 같다. 쉽게 구해지는 생나무를 태우는 데만 정신을 팔면 충분한 열을 얻을 수 없다. '수치'는 생나무에 해당한다. '시기'와 '비교'도 생나무다. '근심'도, '불필요한 언쟁'도 우리 삶 속 생나무다. 이런 것을 태워 봐야 얻는 것은 매캐한 연기와 그을음뿐이다.

손에 쥔 방해 요소를 놓으라. 스마트폰은 가족과 함께 보내는 시간을 방해한다. 단, 버릇처럼 계속해서 스크린을 들여다본다고 해서 자책하지는 말라. 대신, 더 좋은 습관을 찾으라. 식재료를 사다 음식을 요리하고, 드럼 세트나 튜바를 사라. 금고를 사서 집에 오면 그 안에 휴대폰을 집어넣고 잠그라. 아내나 아이들에게 열쇠를 주고, 가족과의 온전한 집중이 중요함을 늘 기억하게끔 하라. 휴대폰보다 아이들 보는 시간을 늘리라.

삶이 달라지기를 바란다면 지금 자신의 현주소를 현실적으로 바라봐야 한다. 현재 시간을 어떻게 사용하고 있는가? 가족과 얼마나 많은 시간을 보내는지 종이 접시 위에 써 보라. 접시를 당신이 매일 보내는 24시간 시간표로 생각하라. 8시간 자고 있다면 잘한 일이다. 필요하다면 9시간 자라. 일회용 종이 접시 위에 그 부분을 칠하라. 직장에서든 집에서든 일하는 데 얼마나 많은 시간을 사용하는가? 솔직히 칠하라. 앞으로 적게 일하고 싶다고 적게 칠하지 말라. 삶의 여러 영역에서 실제 사용하는 시간을 칠하라. 잘 모르겠다면 가족이나 주변 사람에게 물어보고, 마음에 안 들어도 진실을 받아들이라. 그러면 최소한 앞으로 어떻게 할지는 알게 될 것이다.

방해받지 않고 사랑하는 사람에게 온전히 쏟는 시간이 얼마나 되는지 확인해 보라. 결혼했다면, 깊고도 진정한 대화 시간을 얼마나 자주 가지는가? 그 시간을 칠하라. 독서나 자전거 타기, 한가로운 공원 산책 등 기쁨과 내면의 힘을 기르는 시간도 빼놓지 말라. 목적과 방향이 확실한 사람일수록 방해 요소가 적다. 당신이 칠한 종이 접시를 유심히 보라. 칠한 부분의 합이 당신이 원하는 만큼 크지 않다면 방해 요소에 정신을 팔고 있는 것이다.

이 활동의 결과물이 마음에 안 들어도 낙심하지 말라. 바로잡을 방법이 있다. 당신이 누구이며 무엇을 원하는지 일깨워 주는 것들로 주변을 가득 채우라. 한 가지 활동이 끝나고 다음 활동이 시작하는 시간에 알람을 맞추라. 가족 깃발을 만들어 깃발에 가족에게 가장 중요한 것들을 기억나게 해 주는 이미지와 심벌을 그리라. 당신 집과 삶에 그 깃발을 흔들라. 깃발은 당신에게 필요한 것을 남에게 알리는 효과도 있다. 초콜릿 케이크가 필요하다면 깃발에 케이크를 그리라. 우리가 알리지 않으면 친구들은 우리가 필요한 게 뭔지 알지 못한다.

점점 멀어졌던 친구들과 가족에게 다시 돌아가라. 그들이 당신의 무언가를 갖고 있는 것처럼 그들을 쫓아가라. 왜냐하면 실제로 그들은 당신의 무언가를 갖고 있기 때문이다. 친구들에게 안 좋은 일이 생기면 "괜찮아지길 바라"라고 말만 하지 말고 실제로 괜찮아지도록 도우라. 그러려면 희생과 헌신이 필요하다. 하지만 방해 요소에 정신을 팔지 않는 사람들은 사랑하는 사람을 위해서 기꺼이 그렇게 한다.

　시계가 똑딱똑딱 가는 게 보이지 않는가? 삶이 요구하는 수 많은 것들에 세월이 훅 가 버릴 수 있다. 굳어진 습관을 적잖이 버려야 할 수도 있다. 많은 사람에게 방해 요소는 습관처럼 굳어져 있다. 중요하게 보이지만 그렇지 않은 것들로 삶을 가득 채우면 행복과 기쁨을 맛볼 기회가 사라진다.

　그럼 어디서부터 시작해야 할까? 출발점은 우리가 내놓는 변명만큼이나 많다. 먼저, 미루던 자신과의 고통스러운 대화를 시작하라. 과거와의 고리를 끊어야 한다. 계속해서 해 오던 방식을 바꾸면 어색하겠지만 견뎌 보라. 자신이 방해 요소에서 완전히 해방되었다고 선포하라. 익숙해졌지만 더 이상 도움이 되지 않는 습관과 활동으로부터 자유를 선포하라. 자신이 원하는 모습으로 이끌어 줄 새로운 습관을 만들고, 방해가 되는 옛 습관을 버리라.

　10여 개 문장이면 방해 요소와 충분히 결별할 수 있다. 부정적인 자기 대화에 한 문장이 필요한가? 그 문장을 쓰라. 그러고 나서 "이건 내가 아니야! 이젠 안녕!"이라고 선포하라. 수치심이나 사람들 이목에 대한 강박관념도 쫓아 버리라. 얼마든지 해도 되는 것에 대해 허락을 구하는 습관은? 당신이 그분의 자유롭게 하심을 믿고 받아들이는 만큼만 당신은 자유롭다.

　'방해 요소에 반대하는 선언문'을 쓰고 나서 마음을 단단히

먹으라. 풍성한 기쁨과 목적이 당신 삶 속으로 물밀듯 밀려올
테니!

하나님 주신
단 하나의 인생 대본을 따라

어릴 적 우리 반 누군가가 내가 신동이라는 소문을 퍼뜨렸다. 그 소문을 낸 건 내가 아니었다. 소문은 오래가지 않았지만 신동이라는 칭호는 최소한 일주일은 따라다녔다. 그런데 그 소문의 거품이 꺼지기 전 나는 여러 사람의 호들갑으로 영재만 가는 유명한 유치원으로 옮겨지게 되었다. 얼마 못 가, 나는 너무도 많은 규칙을 어겼다는 이유로 그곳에서 쫓겨나게 되었다. 무슨 잘못을 했는지 기억나진 않았지만 그것이 무엇이었든 엄청 큰 말썽이었던 게 분명하다. 내가 원주율 파이(π)의 아홉 번째 숫자가 무엇인지 몰랐던 걸까?

그런데 문제는 그 지역 학군 규정 때문에 나는 이전 유치원으로 돌아갈 수 없었고, 결국 나는 그해에는 아무 유치원도 더 이상 다닐 수 없게 되었다(당시 나의 잘못에 관한 기록은 찾을 수 없는 것으로 보아 봉인된 게 분명하다). 여하튼 영재유치원에서 내쫓긴 그날, 집에 도착하니 엄마는 사다리 위에서 집 뒤에 있는 벽토를 바르고 계셨다. "정말 실망이야"라는 말 한마디와 절레절레 흔드는 고개, 그것으로 끝이었다. 엄마나 내가 이 실망감에서 온전히 회복했는지는 잘 모르겠다. 어쨌든 낙오자로서의 내 화려한 이력은 이렇게 시작되었다.

나의 두 번째 유치원 도전기는 그로부터 1년 뒤에 시작되었다. 나는 화려하게 재기했다. 다들 내가 크레용을 반에서 가장 멀리 던진다며 엄지를 치켜올렸다. 그 시절, 부모님은 내가 레고를 남과 다르게 쌓는다는 점을 눈치채고서 아직 어린 나이인데도 걱정하기 시작하셨다.

초등학교 시절 나의 모습은 지금과 매우 달랐다. 당시 각 학년은 '똑똑한 아이들 반'과 '아둔한 아이들+말썽꾸러기들 반'으로 나뉘었다. 반 배치를 책임지는 선생님은 내 기록을 읽은 게 분명하다. 나를 보자마자 곧바로 낙오자 그룹에 넣었으니까 말이다.

라모스 선생님이 기억난다. 그 선생님은 우리 학교에서 유일한 남자 선생님이었는데 덩치가 미식축구 선수 저리 가라 할 만큼 거대했다. 우리 여덟 살짜리에게는 무시무시한 존재였다. 잔뜩 부풀어 오른 이두근이며 핏줄이 튀어나올 것만 같은 팔뚝과 매서운 눈빛은 사나운 개도 꼬리 내리게 할 정도였다. 아마 학교 당국에서 이 말썽꾸러기들을 통제하려면 호랑이 선생님이 필요하다고 판단했을 것이다.

라모스 선생님은 처음 우리를 보자마자 그 어떤 "속임수"도 용납하지 않겠다고 엄포를 놓았다. 이 단어에 따옴표를 한 것은 라모스 선생님이 이보다 더 위협적 표현을 쓴 걸 분명히 기억해서다. 선생님은 자신이 우리의 두목이라는 점을 분명히 각인시켰다.

우리 반에 마크라는 친구가 있었다. 여덟 살인데도 덩치가 거의 선생님들만 해서 우리 반에서 대장이었다. 쉬는 시간이면 우리는 함께 모여 과자, 우유갑, 엄마가 깜박하고 잘라서 버리지 않은 샌드위치 테두리 빵 부분으로 라모스 선생님 무찌를 전략을 짰다. 우리는 무척 거친 패거리였다. 정확히는 몰랐지만 마크가 마피아 같은 조직의 일원일 거라고 생각했다. 한번은 운동장에서 내가 '여덟 살에 마피아에 들어갈 수 있는 사람이 있을까?' 하고 큰 소리로 친구들에게 물으니 마크는 충분히 가능하다며 허세를 부렸다.

안타깝게도 나는 이런 열등한 수준에서 아주 오랫동안 헤어나오지 못했다. 한두 해가 아니라 아주, 아주 오랫동안. 내가 형편없는 성적표를 들고 집에 올 때마다 부모님의 실망감은 점점 커져만 갔다. 고등학교에 겨우 들어갔지만 성적은 여전히 밑바닥이었다. 학교에서 상담 선생님을 만날 때 내 이름과 "대학"이란 단어가 한 문장으로 불려진 적은 없었다. 고등학교 졸업장은 사람들이 내게 기대한 최대치였고, 나는 기적적으로 고등학교를 졸업해 그 기대에 부응했다.

그런 한심한 인생 궤적은 내가 무슨 일을 하든 은퇴할 때까지 계속 이어질 게 분명해 보였다. 그 뒤에는 정부가 나를 더 이상 참아 주지 않거나 체제가 붕괴할 때까지 정부 보조로 연명하게 되리라. 내가 가장 존경하는 사람들에게 나는 늘 어딘가 모자라는 아이였다. 나는 그들의 기대에 부응할 만한 능력이 없었지만, 그들의 기대가 아닌 다른 삶의 방향을 찾아도 된다는 생각을 못 했다.

그 방향을 제대로 찾기까지 시간이 꽤 걸렸지만 이미 내 마음속에서 작은 무언가가 달라지기 시작했다.

학창 시절 내 목표는 졸업을 위한 최소 조건을 완성한 뒤 인생을 대충 사는 거였다. 퇴학당하거나 소년원에 가지 않고 그 목표를 달성하면 고등학교 시절은 성공했다고 판단했다. 영문학이나 수학 수업에도 끝까지 자리를 지키기는 했지만 내 시간표는 주로 활동 수업으로 채워져 있었다. 공작 수업은 고등학교를 다니는 유일한 이유였다. 금속 공예에서 자동차 수리와 전기 수리, 목공예까지 공작 수업이란 수업은 죄다 들었다.

목공 선생님 호지킨스는 정말 멋진 분이었다. 호지킨스 선생님은 남부 억양이 강해서 말씀하시는 걸 들을 때마다 꽤나 재미있었다. 선생님은 가식이 전혀 없었고 항상 인자한 미소로 사람들의 경계심을 푸는 힘이 있었다. 선생님은 모든 학생을 동등하게 대했다. 실제로, 선생님은 우리를 (왜 못총으로 자신의 발을 쏘거나, 목공풀을 먹거나, 못으로 코를 파지 않아야 하는지 이해하는) 똑똑한 학생들로 대했다.

그걸 어떻게 기억하느냐고? 선생님은 모든 학기 수업 첫날, 이런 식의 연설을 똑같이 읊었다.

"못총으로 느그들을 쏘거나 목공풀을 묵거나 못으로 코를 찌르지 마라. 알긋나?"(대략 이런 느낌의 지역 사투리다. 이후로는 내용만

충실하게 전달하겠다. 상상하며 읽어 달라)

우리 모두는 고개를 끄덕였다. 모든 학생이 호지킨스 선생님을 무척 좋아했다.

호지킨스 선생님은 항상 체크무늬 셔츠를 입고 벌목꾼용 부츠를 신었다(어쩌면 잘 때도 그 복장일지 모른다). 선생님은 무뚝뚝하면서도 친절했다. 얼굴에는 주름이 약간 있었고, 톱밥을 가득 뒤집어쓴 채 복도를 걷곤 했다. 그러나 선생님 외모에서 가장 두드러진 특징은…… 오른손 손가락이 세 개밖에 없다는 거였다. 손가락 두 개는 잘려 나가고 없었다.

새로운 프로젝트를 할 때마다 호지킨스 선생님은 공작기계 사용법을 알려 주었다. 쓰고 남은 나무 조각들로 시범을 보여 준 뒤 우리도 직접 해 보게 했다. 그렇게 우리는 샌더, 드릴 프레스, 선반(나무·쇠붙이 절단용 기계-편집자) 사용법을 배웠다. 그 학기에 나는 내가 만들 작품을 생각하면서 잔뜩 기대에 부풀어 올랐다. 꿈은 원대했으나 결과물은 등불 하나였다. 심지어 그걸로 나는 20달러 가치의 나무를 아무짝에 쓸모없는 5달러짜리 물건으로 바꾸는 능력을 또다시 증명해 보였다.

하루는 수업이 끝나갈 무렵, 가장 큰 공작기계를 사용할 차례가 되었다. 그 기계는 테이블톱(table saw; 테이블 상판 위로 톱날이 올라와 있어 그 위로 나무를 밀면서 재단하는 공구-편집자)이었다. 이 거대한 기계 주변으로 아이들이 모여들자 호지킨스 선생님은 우리에게 천천히 걸어와 전에 없이 진지한 표정을 지었다. 이유는 확실히 모르겠지만 공작실 안에 긴장감이 흘렀다. 선생님은 톱 옆에 서서 테이블 표면을 톡톡 두드린 다음, 날이 올라올 틈 위로 손을 가져갔다. 선생님의 잘려진 두 손가락의 빈 공간이 마치 곧 솟아오를 날카로운 날을 쓰다듬는 듯한 착각을 불러일으켰다.

"자, 모두 이걸 정말로 조심해야 한다."

우리 모두는 선생님의 잘려진 손가락을 빤히 응시하면서도, 보기 힘든 나머지 인상을 찌푸렸다.

호지킨스 선생님은 손을 뒤로 빼고서 스위치를 켰다. 그러자 테이블 아래 보이지 않는 곳에서 날이 살아났다. 공작실 안에 초당 수백 번 회전하는 금속 이빨들의 굉음이 가득했다. 호지킨스 선생님이 테이블 아래로 손을 뻗자, 또 다른 바퀴가 돌아갔다. 그와 동시에 날이 서서히 눈에 들어와 절단 위치로 올라왔다. 이때 호지킨스 선생님은 몸을 돌려 장난기 가득한 미소를 머금고서 우리를 쳐다보았다. 그 모습에 우리는 잔뜩 긴장했다. 선생님은 나무 조각 하나를 테이블 위에 놓고 천천히 날 쪽으로 밀었고, 토스트처럼 얇게 나무가 잘렸다. 선생님은 나무를 천천히 날에 통과시키면서 우리에게 소리쳤다.

"날에 맡겨. 너무 세게 밀지 마. 몇 번 해 보면 느낌이 올 거다."

호지킨스 선생님은 손가락과 원형 날 사이의 안전 거리를 유지한 채 나무가 남지 않을 때까지 계속해서 잘라 냈다. 모두가 주목한 가운데 선생님은 모든 작업을 멈추고 테이블 스위치를 끈 뒤 우리에게 더 가까이 다가왔다.

"손가락이 날에 너무 가까이 가지 않도록 해야 해. 알겠니?"

선생님은 한 사람 한 사람 눈을 마주치며 힘을 주어 말했다.

"나무 끝이 바로 여기에 닿을 때 밀대로 밀어야 해."

선생님은 밀대를 사용하지 않았던 게 분명했다. 그 바람에 손가락 몇 개를 잃는 대실수를 저질렀으니 선생님을 신뢰할 수 없다고 생각하는가? 아니, 우리는 그 실수 때문에 오히려 선생님을 더 신뢰했다. 분명 선생님의 실패는 눈에 띄는 실수였다. 문제는 우리가 하는 많은 실패가 눈에 잘 띄지 않는다는 것이다. 우리는 그런 실패를 솔직하게 드러낼 만큼 용감하지 않아 사람들의 신뢰를 얻을 기회를 놓치곤 한다.

호지킨스 선생님이 손가락을 잃었던 그날을 상상해 보았다. 어떤 기분이었을까? 선생님은 그때 이미 목공 선생님이었을 수도, 아니면 아직 목공을 배우는 수련생이었을지도 모른다. 선생님은 어릴 적부터 테이블톱을 다루는 기계 경험이 꽤 많았을 것이다. 어쩌면 목공에 조예가 깊은 아버지나 어머니 밑에서 자라면서 공작기계 사용법을 배웠을지도 모른다. 추측컨대 선생님은 어느 날 무언가에 정신을 팔다가 손가락을 잃지 않았을까 싶다. 그럼에도 불구하고 선생님은 계속해서 목공을 했다. 내가 궁금한 건 이것이다. 당신은 어떤가? 무언가에 실패해도 꿋꿋이 그 길을 갈 수 있겠는가?

호지킨스 선생님이 과거에 밀대를 사용해야 한다는 규칙을 지키지 않았다고 우리를 가르칠 자격이 없는 건 아니다. 오히려 방심한 대가가 무엇인지를 보여 주는 살아 있는 증인이어서 '더욱' 자격이 있다. 나는 선생님을 실력 없는 목수로 보지 않았다. 오히려 실전 경험이 많아 우리를 가르칠 능력이 충분한 분이었셨다.

선생님이 지난 실수로 인한 실망감이나 수치심과 싸워야 했을까? 그럴지도 모른다. 하지만 나무를 다루고 목공을 가르치는 일에 대한 선생님의 열정은 후퇴가 아닌 전진이었다. 선생님은 고통 속에서도 귀한 교훈을 얻었다. 선생님은 이 실패를 삶에서 아름다운 가치로 승화시켰다.

목적과 기쁨을 품은 사람들의 삶도 이와 마찬가지다. 인생의 목적을 찾아 추구하다 보면 실패를 겪을 수밖에 없다. 목적을 추구하는 길에는 숱한 장애물이 있다. "저항이 열쇠다"라는 말을 들어 보았는가? 운동선수가 근육을 키우려면 저항이 있어야 한다. 저항 없이는 자동차가 달리지 못하고, 우주선이 속도를 줄이기 위해서도 저항이 필요하다. 한 사람이 온전히 성장하는 데도 역시 저항이 필요하다. 아직 배우는 학생이라고 스스로를 성급하게 희생자로 여기지 말라. 불평거리를 떠올리지 말고, 하나님이 어떻게 절망의 순간을 사용해 더 큰 은혜의 길을 여셨는지 기억하라.

그날 내가 목공 공작실에서 배운 교훈은 고등학교 졸업 이후에도 많은 도움이 되었다. 그 교훈은 누구나 실패한다는 것이다. 나도 실패할 것이다. 당신도 실패할 것이다. 우리는 다 실패하며 살아간다. 한 번도 실패하지 않은 것처럼 행동하는 사람은 자신을 솔직하게 드러내지 않고 그럴듯한 겉모습으로 자존심 세우는 데만 정신을 파는 사람이다.

때로 우리는 엄청난 실패를 경험한다. 그것도 많은 사람 앞에서 망신당해 깊은 상처를 입는다. 때로는 남몰래 실패를 경험하지만 그것도 고통스럽기는 매한가지다. 너무 황당한 실패여서 일부러 실패하려고 작정한 듯 보일 때도 있다. 물론 대부분 일부러 실패하지 않는다. 잠시 자신이 누구인지를 잊고서 말도 안 되는 실패를 한다. 스스로 정한 규칙과 경계를 잊고, 잠시 판단력을 잃은 채 어리석은 목소리에 귀를 기울인다. 밀대를 기억하지 못해 대가를 톡톡히 치르기도 하고, 그 때문에 우리가 가장 사랑하는 사람도 함께 대가를 치르게 된다.

우리는 하나님과 관련해서도 실패를 경험한다. 하나님을 실망시키려고 작정한 사람은 별로 없다. 하지만 우리 모두는 때로 하나님을 실망시킨다. 그런데 실패해도 우리에게는 은혜가 있다. 히브리어에서 "은혜"라는 단어의 어원을 보면 뜻밖의 아름다운 장면을 담고 있다. 빼곡한 장막들로 둘러싸여 보호받는 지역 한복판에 장막을 치는 장면을 상상해 보라. 은혜의 핵심은 '다시 시작'이 아닌 '보호'다. 실패는 하늘의 은혜와 도움을 더 절실히 구하게 만든다. 실패하고 나면 우리가 추구하는 목적이 더더욱 중요하고 가치 있게 다가온다. 반면, 성공하든 실패하든 크게 상관하지 않는 사람은 실패를 애초에 실패로 보지 않아서 실패의 유익을 경험하지 못한다.

당신에게 던지고 싶은 질문은 이것이다. 실패 뒤에 어떻게 할 것인가? 다른 누군가가 건네준 인생 대본을 따르다가 실패하고 자포자기할 것인가? 하나님이 당신에게만 주신 일을 끝까지 추구해야 하는데, 한두 번 실패했다고 해서 성급하게 포기할 것인가? 다른 사람들의 인정과 칭찬을 성공과 목적과 의미의 척도로 삼을 것인가, 아니면 하나님이 당신을 위해 예비하신 아름다운 목적을 끝까지 추구할 것인가?

▓▓▓▓▓

내 딸 린지가 갓난아기 때부터 나는 딸에게도 언젠가 결혼하고 싶은 녀석이 나타날 거라고 말했다. 그 녀석이 내 마음에 들면 우리 아들들과 함께 캐나다에 있는 우리 땅에 예배당 짓는 일을 거들게 하고, 그 교회가 완성되면 거기서 결혼식을 올리게 할 거라고 누누이 말해 왔다. 또 만약 그 녀석이 마음에 들지 않으면 그 일을 시키지 않을 거라고 말이다.

세월이 흘러 존이라는 멋진 청년이 우리 딸에게 찾아왔다. 두 사람은 만나자마자 사랑에 빠졌다. 둘의 관계가 하루가 다르게 깊어지는 게 눈에 보였다. 존은 겸손하고, 훌륭하며, 친절하고, 사려 깊고, 하나님을 사랑하고, 매사에 놀랍도록 신중하고 열심인 청년이다.

어느 토요일, 존이 우리 부부에게 만남을 청했다. 우리 집 뒤뜰에서 존은 린지가 자신에게 어떤 존재인지 설명했다. 린지의 아름다운 마음을 날마다 더 깊이 알아가며 평생을 보내고 싶다고 말했다. 모든 부모는 이런 날, 이런 대화를 꿈꾼다. 모든 딸의 부모는 존처럼 훌륭한 사윗감을 원한다(하지만 우리 마음대로 되는 일은 아니니 기대 수준을 조금은 낮출 필요성이 있다). 당신에게만 고백하자면, 나는 존을 보고 몹시 기뻤지만 아빠로서 티 내지 말아야 할 필요성을 느꼈다. 린지는 하나밖에 없는 딸이고, 사위를 선택하는 중요한 대화 시간이었으니까.

존이 린지를 사랑한다며 결혼 약속을 축복해 달라고 말하는 내내 우리는 유심히 귀를 기울였다.

"글쎄, 아직은……"

나는 그를 움찔하게 만들려고 위아래로 훑어보았다(그는 움찔하지 않았다. 그는 퓨마도 노려볼 수 있을 정도의 강심장이다).

"혹시 자네, 망치를 휘두를 줄 아는가?"

"네?"

솔직히, 린지는 굳이 예배당을 지어 거기서 결혼식을 올리지 않아도 됐다. 우리가 예배당을 왜 지었는지 아는가? 친구 같은 사위를 원해서다. 나는 딸이 우리 가족의 작업에 기꺼이 동참해 줄 사람과 평생 함께하기를 원했다. 한번 목적을 정하면 그 목적을 위해 다른 모든 방해 요소를 한쪽으로 치울 줄 아는 사람을 원했다.

예배당 건축을 시작한 지 얼마 안 된 어느 날, 측벽 들보를 위해 립컷(rip cut)을 해야 할 때가 되었다. 립컷을 하려면 테이블톱이 필요하다. 존과 나는 테이블톱으로 걸어갔고, 내가 스위치를 켰다. 지난 작업에서 남은 미세한 톱밥이 공중에 휘날렸다. 우리는 첫 번째 목재를 테이블 위에 올려놓았고, 존이 그 목재를 밀기 시작했다. 손가락이 날 가까이에 이르자 존은 동작을 멈추고 나무 조각 하나를 집어 목재를 밀었다. 그 즉시 호지킨스 선생님과 그분에게서 배운 지혜가 떠올랐다. 순간, 존을 향한 나의 신뢰가 더욱 깊어졌다. 존은 밀대를 사용했다.

재미있는 사실이 있다. 우리는 예배당을 제때 완공하지 못했고, 존이 혼자 지어 가지들을 뒤덮은 정자 아래서 결혼식을 올렸다는 사실이다. 둘은 그 정자를 그 어떤 건물보다도 좋아했다. 온 가족이 함께 예배당을 지었던 일은 내게 평생 가장 즐거웠던 기억으로 남을 것이다. 내부 벽을 완성하기 전 우리는 친구들을 초대하여 다 함께 우리 가족과 미래 세대를 위한 기도문, 소망과 목적의 메시지를 벽에 써 두었다. 그곳에 들어갈 때마다 방해 요소에 정신을 팔지 않고 오로지 하나님의 목적만 추구하는 삶에 관한 메시지가 귀에 들려온다.

하나님이 우리에게 마련해 주신 단 하나의 인생 대본은 바로 예수님이다. 하나님은 당신의 출신 학교나 지지 정당, 오늘날 중요한 이슈에 관한 당신 입장에 관심이 없으시다. 통장에 얼마나 있는지 혹은 당신이 교회 리더인지 아닌지도 관심이 없으시다. 심지어 어디에서 일하는지도 말이다.

하나님이 당신에게 적용하시는 유일한 잣대는 그분이 사랑하시는 아들이다. 정말 상상할 수도 없고 이해할 수도 없을 만큼 아름다운 사실은, 그분이 아들을 사랑하시는 것과 '똑같은 사랑'으로 당신과 나를 사랑하신다는 것이다. 하나님은 그 사랑으로 우리를 세상 끝 날까지, 아니 영원토록 사랑하신다. 내 머리로는 도무지 계산이 안 되는 셈법이다. 그러니 친한 친구의 성적이나 이웃이 모는 자동차에 왜 신경을 쓰는가? 왜 의심 많은 사람의 부정적인 예측과 선포를 귀담아듣는가? 하나님의 시각으로 자신을 보는 데 집중하면 그만이다.

물론 목적지를 향해 항해하다가 몇 번 암초에 부딪힐 수도 있다. 몇 번은 배 일부가 떨어져 나갈 수도 있다. 하지만 목적에 집중하며 기쁨으로 사는 사람은 눈에 보이지 않는 세상의 점수판을 부숴 버린다. 그렇게 되면 당신을 산만하게 하는 방해 요소들은 힘을 잃는다. 실수해도 고개를 갸웃하지 않고 오히려 서로를 돌봐 주는 공동체를 이루게 된다. 실패의 한복판에서도 서로에게 목적과 잠재력을 떠올리게 해 주는 공동체가 탄생하는 것이다.

먼지 쌓인 '프리패스'를
꺼내 들 시간

　텍사스 주, 1980년대 어느 나른한 토요일 아침, 어느 부부
가 동네 바자회를 기웃거리고 있었다. 구경하는 재미가 쏠쏠했
다. 간이 테이블 사이를 어슬렁거리다가 남편은 옷더미 속에서
'아주' 오래된 기타를 발견했다. 큰아들이 좋아할 거라는 생각에
값을 깎아 5달러에 그 너덜너덜한 기타를 사서 집으로 가져왔

다. 그런데 아이는 그 기타를 별로 마음에 들어 하지 않았고 동생 에드에게 주었다. 에드의 반응은 달랐다. 에드는 마치 귀한 보물을 보듯 기타를 잡고 쓰다듬었다. 그 안에서 꿈이 탄생했다.

에드는 기타의 목을 처음 잡은 순간부터 세계적인 뮤지션이 되는 꿈을 꾸었다. 그는 오랫동안 손에 물집이 생길 정도로 열심히 연습하고 또 연습했다. 경험을 쌓기 위해 여러 밴드와 협주했고, 실력이 일취월장해진 그는 곧 더 큰 무대에서 공연하기 시작했다. 그의 20대 시절, 군중은 그의 일렉트릭 기타 연주에 열광했다. 그즈음 그는 밴드를 모집하던 한 젊은 컨트리 가수, 캐리 언더우드를 만났다. 그녀는 에드에게 손을 내밀었고, 이후 20년간 에드는 캐리와 함께 전 세계를 돌며 아름다운 기타 연주와 더 아름다운 마음으로 사람들을 열광에 빠뜨렸다.

한번은 에드에게서 전화가 왔다. 샌디에이고 지역을 돌며 공연하는데 원한다면 공연 티켓을 주겠다는 거였다. 물론 나는 그 선물을 넙죽 받아들였다. 공연은 매진된 상태였다. 인터넷에서 가격을 알아보니 가장 싼 좌석이 네 명의 한 끼 식사 가격보다도 비쌌다. 그런 티켓을 공짜로 준다는데 마다할 이유가 없었다. 에드의 지시사항은 간단했다.

"현장 티켓 수령 부스에 가서 티켓을 받아 자리를 찾으시오."

이보다 더 쉬울 수는 없었다.

공연장에는 열기가 가득했다. 사람들이 입구로 들어가려

장사진을 이루었고, 모두가 한껏 들떠 있었다. 나도 에드가 최고의 연주를 뽐낼 모습을 생각하니 자못 기대되었다. 나는 함박웃음을 띤 채 티켓 수령 부스에 가서 내 이름이 적힌 봉투를 받았다. 티켓을 손에 쥐고 자연스럽게 맨 뒷자리로 향했다. 진심으로 자리는 상관없었다. 공연장 안에 있는 것만으로도 충분히 신이 났기 때문이다.

'얼마나 멋진 공연일까!'

부푼 마음으로 지붕 아래쪽에 앉으려고 많은 계단을 올랐다.

그때 계단 맨 꼭대기에서 손전등을 든 한 남자가 나를 멈춰 세우더니 티켓을 검사했다. "이 구역이 아닙니다. 저 아래로 내려가세요. 내려가면 저와 같은 복장을 한 사람이 자리를 안내해 줄 겁니다."

더 좋은 자리로 간다는 사실에 기분이 더 좋아졌다. 무대에 조금 더 가까운 자리를 마련해 준 에드에게 정말 고마웠다. 나는 더 큰 기대감으로 계단을 내려갔다.

아래로 내려가자 다른 안내요원이 나를 멈춰 세우고 내 티켓을 유심히 보더니 또 "여긴 아닙니다"라고 말했다.

'위쪽 안내원이 실수해서 내려온 이 많은 이 계단을 다시 올라가야 하나? 그래도 운동하니 좋지 뭐. 암, 계단 운동만큼 좋은 운동도 없고말고' 하고 긍정적으로 생각했다.

그런데 안내요원이 뒤쪽이 아니라 무대에서 더 가까운 쪽을 가리키는 게 아닌가.

"저 두 번째 무대 안으로 들어가시면 됩니다. 요즘 애들은 저걸 모쉬 피트(mosh pit)라고 부르죠."

"정말요?"

나는 깜짝 놀랐다. 안내 요원은 주 무대로 들어가는 통로 옆에 연결된 타원형 무대를 가리켰다. 거기에는 이미 사람들이 바글거렸다. 상황이 계속해서 좋아졌다. 주 무대 앞 춤추는 자리까지 왔으니까 말이다. 나는 모쉬 피트가 어떤 곳인지 아직 정확하게는 잘 몰랐지만, 그런 건 나중에 알아내기로 하고 사람들을 비집고 앞으로 갔다.

"일단 들어가 보자!"

그런데 막상 가 보니 솔직히 난장판처럼 보였다. 마치 사람들을 믹서에 넣고 한바탕 돌린 것만 같았다. 입구에 서 있는 남자는 내게 티켓을 보여 달라고 요청했고, 나는 바로 이전 안내 요원도 실수했을지 모른다고 생각하며 쭈뼛거리며 티켓을 내밀었다. 만약 내가 그 안에 들어간다면 그 안에 있는 극소수 늙은이 중 한 명이 될 것이었다. 생각할수록 왠지 모르게 짜릿했다.

'제발 통과시켜 주세요!'

남자는 티켓을 한 번 보고 나서 다시 손전등을 비추며 유심히 살펴보았다. 그러더니 근처에 있는 다른 안내 요원에게 확인을 부탁했다. 그 요원은 나를 보더니 웃으며 말했다.

"선생님, 이건 프리패스(all-access pass)예요. 어느 자리든 가실 수 있어요."

에드는 나를 공연장 안으로 들여보내 주었을 뿐 아니라 어디든 마음대로 갈 수 있게 했다. 문제는 정작 나는 내 손에 그런 티켓이 있는 줄 전혀 몰랐다는 사실이다. 내가 생각했던 것보다 훨씬 더 많은 것이 허락되었음을 알기까지는 세 명의 건장한 안내 요원을 거쳐야 했다. 에드는 내가 원하는 어디에서든 자유롭게 관람하기를 바랐다. 멀리서 보든 가까이서 보든 내 마음이었다. 그날 밤 내가 들어갈 수 없는 곳은 무대 중앙뿐이었다.

하나님도 우리가 알기를 원하실 것이다. 하나님은 우리가 어디든 갈 수 있게 허락하셨다. 어디에서 무엇이든 할 수 있게 해 주셨다. 이미 채워진 자리는 무대 중앙뿐이다. 그곳에는 이미 예수님이 계신다.

어떤 이들은 믿음을 너무 복잡하게 여긴다. 하지만 예수님이 우리에게 제시하신 초대는 전혀 복잡하지 않다. 우리는 어디든 갈 수 있는 프리패스가 있다. 우리가 해야 할 일은 그저 찾아가서 그 티켓을 받는 것뿐이다. 단, 프리패스를 사용하려면 꽤나 큰 담대함이 필요하다. 어디든 가려는 자유를 원한다면 마음가짐이 달라져야 한다. 우리 삶과 기쁨을 제한하는 문지기는 더 이상 없다. 하나님이 이미 우리 마음에 주셔서 세상 속으로 풀어 놓으라고 하신 것에 대해 계속해서 허락을 구할 필요는 없다. 그냥 하면 된다. 이미 우리는 아름다운 삶으로 초대받았다. 따라서 우리가 정말로 이런 삶을 살아도 되는지 궁금하게 여기지 않아도 된다.

프리패스를 사용할 준비가 되었다면 한 가지를 경고하고 싶다. 담대하게 살면 다른 사람이 약간 불편해할 수 있다. 번번이 허락을 구하며 사는 사람들은 이런 자유로운 행동과 비전을 보면 불안해하며, 현재 상태와 가능한 상태 사이의 담을 허물 만큼의 담대함을 뻔뻔한 것이요, 규칙을 어기는 행위라고 여기기 때문이다. 하지만 속으로는 그들도 이 용기를 부러워할지 모른다.

여하튼, 이런 식으로 사는 게 힘이 들까? 물론이다. 사람들에게 외면당하거나 뜻밖의 실망스러운 상황을 만나게 될까? 물론이다. 때로는 이 모험이 혼란스럽기도 할까? 물론이다.

프리패스가 모든 일이 우리 뜻대로 풀린다는 뜻이 아니라는 점도 혼란스러울 것이다. 인생길에서 만난 냉소적이거나 무지하거나 환멸에 빠진 사람들의 말을 귀에서 씻어 내야 할 때도 있을 것이다. 이런 말이 귀에 익숙한가?

"너는 똑똑하지 못해."

"너는 능력이 없어."

"네가 뭐라고 이런 걸 하겠다는 거야? 네 능력으로는 힘들어."

"그만한 가치가 없어"(해석: 너는 이런 것을 누릴 만한 가치가 없어).

"뭐 하러 이런 모험을 해? 실패하면 어쩌려고?"

혹시 행동으로 나아가지 않고 지붕 아래 초라한 삶으로 뒷걸음질하고 있는가? 그렇다. 우리는 몸을 사리면서 뒤쪽으로 멀찍이 물러날 수 있다. 성경은 심지어 제자들도 때로 멀리서 구경만 했다고 말한다.[1] 그러고도 우리는 어쨌거나 공연장에 들어왔다며 셀피를 찍어서 올린다.

반대로, 하나님의 초대를 받아들일 수도 있다. 믿음으로 모쉬 피트까지 나아가 한바탕 신나게 놀아 볼 수도 있다. 자신이 받은 티켓으로 어디를 갈 수 있는지 알려면 무엇을 하고 싶은지 스스로에게 물은 다음, 용기를 내어 하나님이 이미 허락하신 그 길로 가야 한다. 물론 누구나 걸림돌을 만나게 된다. 세상에는 시시한 것들과 부정적인 말, 조직적인 압력, 불의, 잘못된 꿈이 가득하다. 이런 것들이 우리를 본궤도에서 벗어나게 할 수 있다. 프리패스는 쉽게 살기 위한 치트 키가 아니다. 목적과 기쁨이 충만한 삶을 살기 위한 열쇠다.

베스타 스타우트는 자신에게 주어진 티켓을 사용했다. 덕분에 그녀는 목적으로 충만한 여성의 본보기가 되었다. 그녀는 제2차 세계대전 당시 일리노이 주 공장에서 일했다. 공장에서 그녀는 탄약 상자들을 검사하다가 큰 문제점 하나를 발견했다. 당시 상자들을 종이로 만든 당김 탭으로 봉인했는데 종이가 물에 젖으면 물이 상자 안에 스며들어 탄약이 망가졌다. 그래서 병사들은 물기가 스며들지 않게 상자를 왁스에 담갔는데, 왁스 때문에 상자를 열기가 훨씬 어려워진 것이다. 사방에서 총탄이 날아오는 전장에서 상자를 여느라 꾸물거리다가는 목숨을 잃기 십상이었다.

당시 베스타의 두 아들은 군 복무 중이었고, 그녀 주변에도 아들을 전장에 보낸 가족이 많았다. 그녀는 걱정만으로 끝내지 않고, 자신이 본 문제점을 해결하려고 막대한 작업에 돌입한 끝에, 탄약 상자를 고치기 위한 샘플을 제작했다. 최종 결과물이 나오자 그녀는 상사를 설득하려는 프레젠테이션을 준비했다. 자신이 발명한 접착력 좋은 테이프가 많은 생명을 구하리라 확신했다. 그러나 안타깝게도 상사는 조잡한 아이디어라며 이를 무시했다. 내가 볼 때 그 상사가 나쁜 사람은 아니었을 것 같다. 단지 이해를 하지 못 했을 뿐. '뭐 하러 방수 천 테이프를 만들지?'

여기서 교훈 하나! 남들 동의를 기다리다가 위대한 아이디어를 시들게 하지 말라.

자신의 아이디어가 무시당했음에도 베스타는 포기할 생각이 없었다. 자신의 비전을 보지 못한 사람의 승인을 기다릴 생각도 없었다. 그녀에게는 확신이 있었다. 두 아들에게 필요한 것을 주고 싶었다. 그녀의 업무에 관해서는 권한이 있어도 그녀의 삶에는 권한이 없는 한 사람 때문에 아들들을 위한 비전을 포기하고 싶지 않았다.[2] 바로 이것이 내가 말하고 싶은 종류의 '담대함'이다. 베스타는 목적을 품고 그 목적을 끝까지 이루리라 결단했다. 당신은 어떤가? 삶 속에서 이런 힘을 발견하는가? 하나님이 주신 창의력을 마음껏 펼칠 수 있겠는가?

비즈니스 세계에서 상사에게 무언가를 요청하는 건 보통 용기가 필요한 일이 아니다. 특히, 상사가 이미 거절한 안을 또다시 요청하는 건 거의 있을 수 없다. 베스타는 단순히 상사의 상사를 찾아가지 않았다. 그녀는 미국 대통령을 찾아갔다. 바로 내가 말하고 싶은 종류의 '도약'이다. 그녀는 루스벨트 대통령에게 자신의 아이디어와 샘플을 담은 편지를 보냈다. 그러고 나서 병사들이 제대로 싸울 수 있게끔 자신이 꿈꾼 제품을 생산하도록 승인해 달라고 요청했다.[3]

마침내 베스타의 아이디어대로 즉각 생산하라는 승인이 떨어졌다. 잘 들으라. 그녀의 아이디어와 노력은 바로 그 유명한 덕트 테이프(duct tape)의 탄생으로 이어졌다. 아이디어를 이루려는 그녀의 행동은 과감했다. 남들이 이해하지 못하거나 인정하지 않는 건 전혀 중요하지 않았다. 남들이 그 아이디어의 필요성을 보지 못해도 상관없었다. 그녀는 허락을 원하지 않았고, 오로지 가능성만 바라보았다.

오늘날 군대는 여전히 온갖 용도로 덕트 테이프를 사용한다. 덕트 테이프 별칭 중 하나는 "시속 100마일 테이프"다. 지프 범퍼와 심지어 헬리콥터 날개 깁는 데까지 사용해서다. 낡은 군화와 군장 끈을 깁는 데도 사용한다. 나사(NASA; 미국항공우주국)에서 발사하는 우주선 중에 덕트 테이프 한두 개 없이 발사한 우주선은 한 대도 없다. 어디든 덕트 테이프를 쓰지 않은 곳이 없다. 그래서 덕트 테이프로 고칠 수 없다면 더 많은 덕트 테이프가 필요하다는 말까지 있다.

우리 삶에서 사랑과 포용도 이와 매우 비슷한 일을 한다. 우리가 처한 상황을 목적과 기쁨으로 고칠 수 없다면 예수님이 더 많이 필요하다. 방해받지 않고 오로지 사랑과 기쁨, 목적, 믿음으로만 가득한 삶은 우리 꿈을 회복하기 위한 덕트 테이프라고 할 수 있다.

당신이 오랫동안 어렴풋이 느껴 오기만 했던 진실을 들려주고자 한다. 그렇다. 당신은 아름다운 아이디어와 관심사를 추구해도 된다. 하나님, 그리고 그분이 지으신 연약한 사람들과 더 깊은 관계 속으로 들어가도 된다. 단순히 먹고 살기 위해 했던 일을 오랫동안 꿈꾼 일과 바꾸어도 된다. 자신의 진짜 모습대로 살아도 된다. 이 모든 일이 당신에게 이미 허락되어 있다.

익숙하고 안전한 삶에 발목 잡히지 말라. 당신 삶에 대한 다른 사람의 대본과 기대에 방해받지 말라. 물론 친구, 부모, 목사, 배우자는 좋은 의미로 당신을 향한 기대를 표현한다. 하지만 하나님께 영광을 돌리고 싶다면 이미 '내게 있는 티켓과는 다른 것'이 필요하다는 생각일랑 버리라.

누군가 당신의 아이디어나 아름답고 오래가는 꿈을 추구해도 좋다고 허락할 때까지 기다리지 말라. 하늘은 어서 당신이 프리패스를 들고 나타나 무엇을 할지 손꼽아 기다리고 있다. 당신의 존재(한 번뿐인 당신의 아름답지만 짧은 삶)가 당신이 필요한 유일한 티켓이다. 그 티켓이 지금 이미 당신 손안에 있다.

인생 망망대해,
'중간 지점들'을 무시해 표류하다

　나는 하와이까지 여러 번 항해했다. 머지않아 또 항해할 생
각이다. 하지만 내가 왜 항해를 계속하는지 나도 잘 모르겠다.
나는 넘실거리는 바다 위에서 많은 시간을 보낸다. 항해를 한 번
마칠 때마다 몸무게가 10킬로그램씩 빠지곤 하니 다이어트 효
과만큼은 최고다(음식을 한 번 먹을 때마다 두 번씩 토해 내야 해서 좀 힘든

다이어트 방식이긴 하다).

캘리포니아 주 샌디에이고에서 하와이까지는 4,000킬로미터에서 야자나무 한 그루 길이를 더하거나 뺀 정도의 거리다. 어쨌든 꽤 멀다. 우리네 인생을 캘리포니아에서 하와이까지 가는 여행이라 생각한다면 그 길이 곧을 수만은 없다. 가다가 거친 파도 한 번쯤 만나는 건 당연하다. 물론 아무런 계획 없이 출발할 수도 없다. 옳은 방향으로 향하는지 확인할 수 있는 지표도 있어야 한다.

여행이 길어지면 짧은 구간은 중간 지점들로 나뉜다. 바로바로 보이는 지점이 있으면 장거리 여행이라도 목적지를 향해 꾸준히 나아가는 데 도움이 된다. 육지 가까이에서는 등대, 독특한 해안선, 산봉우리가 중간 지점이다. 그러나 망망대해에서는 중간 지점 찾기가 힘들다. 첫 번째 돌고래 지느러미나 해초를 지나면서 좌회전 한다는 식으로 계획해서는 절대 하와이까지 갈 수 없다. 그래서 선원들은 경도와 위도로 현재 위치와 나아갈 방향을 정하고 다른 사람들에게 자신의 위치를 알린다. 그것이 중요한 것은 아무것도 없는 망망대해에서는 방향을 잃고 표류하기 쉽기 때문이다. 항해를 제대로 하려면 불변의 무언가가 필요하다.

당신이 얼마나 살았든 지금껏 추구해 온 모든 것에서 인생의 중간 지점을 생각해 보라. 이를테면 직업이나 관계, 지금까지 소유한 물건들이 중간 지점일 수 있다. 이제 당신이 남은 세월 동안 추구하고 싶은 모든 것을 생각해 보라. 방해 요소에 정신을 빼앗기지 않는다는 건 우리 인생보다 더 오래가는 것을 향해 꾸준히 가겠다는 뜻이다. 이는 장거리 여행이다. 이 여행을 잘하기 위한 열쇠는 중요한 중간 지점을 계속해서 발견하며 나아가는 것이다.

물론 '좋은 삶 살기'는 목표로 삼을 만한 가치가 있는 꿈이다. 하지만 이 목표를 이루기까지 기나긴 여정이 될 수 있다. 현재 자신의 삶과 원하는 삶 사이의 거리는 꽤나 멀 수 있다. 그래서 몇 가지 제안하고자 한다. 좋은 삶, 목적과 기쁨으로 충만한 삶을 이루고자 할 수 있는 것을 돌아보고 믿을 만한 친구들과 이야기를 나누라. 그 몇 가지에 집중해서 그 방향으로 매일 한 걸음씩 나아가라. 이를 50년간 반복하면, 장담컨대 당신은 '좋은 삶'을 살았다고 자신 있게 말하게 될 것이다.

우리를 목적지로 이끄는 것은 행운이나 로또 복권이나 얄팍한 손재주가 아니라 강한 집중력과 몇 가지 매일의 좋은 습관이다. 이것이 하나님이 이스라엘 백성에게 한 번에 하루치 식량만 주시고, 예수님이 제자들에게 평생 먹을 것이 아닌 "일용할 양식"을 위해 기도하라고 가르치신 이유가 아닐까 싶다.

물에 빠져 죽지 않겠다는 용기만 있으면 하와이까지 해류를 타고 떠내려갈 수 있는 사실을 아는가? 적어도 시도해 볼 수는 있다. 물론 휴가나 삶의 방식으로 추천하지는 않지만, 멕시코 카보 산 루카스(Cabo San Lucas)에서 시작하는 해류를 타면 1분에 10인치씩 서쪽으로 이동이 가능하다. 소파 한쪽 끝에서 다른 쪽 끝까지 이동하는 속도라 생각하면 꽤 빠를 수 있지만 바다를 이 속도로 가다가는 지쳐서 미쳐 버릴 수도 있다. 도착하는 데 수개월이 걸릴 테고, 그나마 하와이 군도에서 남쪽으로 수백 킬로미터 지점을 지날 따름이다. 화산이나 코코넛 나무는 구경조차 할 수 없다.

내가 하고 싶은 말은 대충 방향도 없이 천천히 표류해서는 원하는 삶에 도달하기 힘들하는 것이다. 원하는 삶은커녕 그 어디에도 빨리 닿을 수 없다. 역조(逆潮)가 방해한다. 역조는 우리를 우리가 원하는 꿈과 관계, 기쁨에서 서서히 멀어지게 만드는 조류다.

나이가 얼마인지는 상관없다. 오늘이야말로 당신이 진정으로 추구하는 목표가 무엇인지 정확히 파악해야 할 때다. 그래야 그 목표에 닿을 희망이 조금이라도 있다. 그냥 막연하게 '서쪽으로' 갈 거라고 생각해서는 아무것도 이뤄지지 않는다. 서쪽은 정말 광활한 지점이다. 서쪽에는 동쪽에 속하지 않은 모든 것이 포함되어 있다. 그보다는 좀 더 구체적인 지점을 향해 나아가라. 의미 있는 목적지에 이르고 싶다면 여행할 만한 가치 있는 곳으로 향하라. 삶 속에서 의미 있는, 오래가는 가치를 찾으라. 이를

테면 믿음, 소망, 사랑 같은 것들 말이다.[2] 예수님은 이것들이 다른 모든 것보다 오래간다고 말씀하셨다. 삶에서 의미 있는 것들을 찾았다면 거기서 멈추지 말고 영원한 것들을 향해 열심히 나아가라.

둑에 묶인 줄을 풀 최적의 시기를 기다리지 말고 항해를 결정하기를 바란다. 그런 다음에는 순풍을 타고 마음에 기쁨을 품은 채 의미 있는 경로를 정하라. 단순히 천천히 표류하는 편을 선택하지 말라. 한 가지 명심하라. 조류에 떠내려가는 물고기는 죽은 물고기밖에 없다. 죽은 물고기가 되지 말라. 삶으로 큰일을 이룬 사람은 하나같이 기쁨과 오래가는 꿈으로 가득했다. 그들은 방향을 선택한 다음, 그 경로를 유지하려는 조치를 취하고 행동으로 보여 주었다. 그런 사람이 되면 다시 기쁨을 찾을 수 있을 것이다.

항해를 시작하는 것만으로는 충분하지 않다. 공허한 생산성이라는 거짓 희망에 방해받지 말라. 분주히 활동하다 보면 진전이 이뤄지지 않아도 전진한 듯 착각하게 된다. 그저 동분서주 바쁘게 움직일 뿐인데도 목적 있어 보인다. 그저 공허함을 달래려고 맹목적으로 매진하던 활동을 한시라도 빨리 그만두라. 가치 있는 목적지, 분명한 방향으로 갈아타라.

그곳으로 가기 위해 허락받을 필요는 없다. 프리패스는 이미 당신 손 안에 있다. 그 방향에 시선을 고정하고 여행을 즐기기로 결심하라. 물론 그 길에서 예기치 못한 일이 반드시 일어날 것이다. 따라서 자신이 왜 그 방향으로 왜 가는지 확실히 아는 것이 매우 중요하다.

내가 처음 항해를 시작하기 전, 이미 하와이에서 시애틀까지 여러 번 항해한 친구가 있었다. 친구에게 항해에 대한 조언을 구했더니 모든 준비를 철저히 해야 한다는 답이 돌아왔다. 여기까지는 뻔하다. 그는 맑은 정신과 점검표, 이 두 가지를 준비해야 중요한 것을 까먹지 않는다고 강조했다.

아침에 비행기를 타려고 알람을 맞춰 놓았는데 소리를 듣지 못한 채 푹 자 버린 경험이 있는가? 눈뜨자마자 놀라서 가방에 대충 짐을 쑤셔 넣고 허둥지둥 문을 나서는 일은 누구에게나 일어날 수 있다.

내 친구가 하와이 오하우의 알라와이항을 떠날 때 이와 비슷한 상황이 벌어졌다. 친구는 정신없이 바쁜 상황에서 바다로 나가기 전, 연료와 물을 탱크에 가득 채워 넣었다. 긴 항해를 시작하기 전 반드시 해야 하는 일이다. 그런데 항해를 시작한 지 며칠 뒤 저장 탱크에서 물을 받아 마셨는데 지독한 냄새가 났다. 알고 보니 내 친구가 정신이 없는 가운데 물탱크에는 디젤 연료를 넣고, 디젤 탱크에는 물을 넣었던 것이다.

내 친구가 저지른 단순한 실수는 결국 엄청난 파장을 몰고 왔다. 물탱크에 디젤이 있는 바람에 물을 마시지 못했고, 어쩔 수 없이 복숭아 통조림만 실컷 마셔야 했다. 이건 그나마 작은 문제였다. 하루에도 수십 번을 화장실에 들락거리는 고생으로 그나마 끝났으니 말이다. 진짜 문제는 따로 있었다. 디젤 탱크에 기름이 아닌 물이 있던 탓에 엔진이 멈춘 것이다. 엔진이 멈추니 배터리가 충전되지 않아 결국 방전됐고, 배터리가 없어 구조 신호를 보낼 수 없었고, 방향을 파악하는 전자 장비들도 다 꺼져 버렸다. 방향을 지레짐작해서 가는 수밖에 없었다.

다행히 친구는 살아남기는 했지만 목적지에서도 수백 킬로미터 떨어진 곳에 도착했다. 방해 요소에 정신을 팔면 뜻밖의 연쇄작용이 나타난다. 조심하라.

우리의 결정보다는 관계 및 신앙과 더 연관이 있는 또 다른 형태의 표류가 있다. 내 주변에는 세계적인 뮤지션 친구들이 몇 명 있다. 그들은 어마어마하게 큰 무대에서 공연한다. 그 친구들이 어쩌다 우리 동네에 오거나 여행 중 나와 경로가 맞아떨어지면 나는 최대한 시간을 내서 공연을 보러 간다. 그들이 재능을 한껏 뽐내는 모습을 보면 가슴이 벅차오른다. 물론 라이브 음악 자체도 즐겁다. 그래서 한 친구가 나를 초대했을 때 두 번 생각

않고 흔쾌히 받아들였다.

공연 전, 그 친구와 시간을 보내려고 일찍 도착해서 대기실에 들렀다. 그날 저녁, 공연장에는 1,000명 이상 되는 관객이 콘서트 시작을 기다리고 있었다. 몇몇 밴드 멤버가 있는 무대 뒤 대기실에서 나와 친구는 예전에 함께했던 모험을 나누며 깔깔거리고 있었다. 우리는 짓궂은 장난을 많이 친 사이라 이야깃거리가 산더미 같아서 한참 이야기를 나누다 보니 오른쪽 테이블 끝에 한 남자가 혼자 앉아 있는 게 보였다. 그는 두 손을 무릎 위에 올려놓고 앉아서는 우리 쪽을 바라보며 얼굴에 평온한 미소를 머금고 있었다. 모두가 그를 아는 듯해서 밴드 멤버의 친구려니 생각했다.

가끔 사람들이 말을 걸어도 그 남자는 그냥 미소만 지은 채 앉아 있었다. 내가 본 가장 깊은 푸른 눈을 지니고서 말이다. 한 번은 그와 눈이 마주쳤는데 그 깊은 눈이 내 영혼을 꿰뚫어 보는 듯해서 묘한 기분이 들었다.

마침내 무대 위로 밴드가 오를 때가 됐고, 친구와 나는 작별을 고했다. 누군가가 나와 그 푸른 눈의 남자를 통로로 안내했고 쪽문을 통해 공연장에 들어가는 법을 알려 주었다. 우리는 티 내지 않고 좌석에 앉으려고 노력했다. 다행히 내가 공연장에 들어오는 걸 아무도 신경 쓰지 않았다. 하지만 나와 함께 걸어 나온 그 남자를 본 사람들은 서로 옆구리를 찌르며 그가 있는 방향을 가리켰다. 나는 어색하면서도 태연한 척하려 애썼고, 최대한 빨리 좌석에 앉았다.

내 옆자리에 앉은 사람이 말해 주기 전까지는 그 파란 눈의 남자가 영화 〈패션 오브 크라이스트〉(The Passion of the Christ)에서 예수님 배역을 맡은 걸로 유명한 배우 짐 카비젤이라는 걸 전혀 몰랐다. 나는 거의 한 시간 가까이 한방에서 예수님과 함께 있었는데도 전혀 알지 못했다는 사실을 깨닫고서 속으로 얼마나 웃었는지 모른다. 어떤 기분인지 이해가 가는가?

별 이야기 아니지만 혹시 내가 무슨 말을 하려는지 눈치챘을지도 모르겠다. 우리는 예수님과 함께 한방에 있다는 걸 깨닫지 못할 때가 얼마나 많은가. 하나님이 바로 우리 옆에, 그것도 오랫동안 계셨다는 사실을 전혀 모른 채 그냥 막연히 하나님 곁에 가려고 할 때가 얼마나 많은가. 방해 요소는 우리 시야를 어둡게 하며, 기쁨을 빼앗는다. 물론 예수님도 우리에게 이런 일이 일어날 줄 아셨다. 예수님 주변에도 이런 일이 일어났다. 어떤 제자에게 예수님을 아느냐고 묻자 그는 모른 척했다. 예수님을 모른다는 거짓말에 아무도 속지 않았다. 그런가 하면 어떤 이들은 거리에서 예수님을 지나쳐 가면서도 그분을 알아보지 못했다.[3]

두 번째 상황을 생각해 보라. 이 패턴은 예수님이 어린 시절, 회당에서 종교적인 사람에게 둘러싸일 때부터 시작됐다. "이 소년은 누구인가? 어떻게 해서 말에 저토록 큰 권세가 있는가?"

그들은 그렇게 놀라워했다.[4] 두 범죄자 사이의 십자가에서도 그런 일이 벌어졌다.[5] 빈 무덤에서 마리아가 예수님을 동산지기로 착각한 상황도 비슷하다.[6] 심지어 제자들도 다음 날 해변에서,[7] 그리고 얼마 뒤 엠마오로 가는 길에서 그분을 알아보지 못했다.[8]

예수님은 신비한 모습으로 자신의 정체성을 숨기려 하시지 않았으며, 지금도 마찬가지다. 하지만 우리는 다른 무언가에 정신이 팔리거나 겁을 먹거나 집착하거나 혼란에 빠져 한방에 계신 그분을 알아보지 못할 때가 많다. 당신과 나 같은 사람들은 여전히 그분을 놓치곤 한다. 그럼에도 진정으로 그분을 찾으면 찾을 거라고 예수님은 약속하셨다. 그분께 부르짖는 자들은 필요를 공급받고 삶에서 진정한 기쁨과 목적을 얻을 것이다.

예수님은 우리가 목적지에 무사히 가도록 확실한 중간 지점을 남겨 두셨다. 그분을 찾는 일은 우리가 흔히 하는 보물찾기 게임과는 다르다. 그분은 지도 위에 자신의 위치를 정확하게 표기하고 계신다. 어디든 굶주리거나 목마른 자들 있는 곳에 그분이 계신다고 말씀하셨다. 어디든 아프거나 소외당하거나 헐벗거나 갇힌 자들이 있는 곳에 그분이 함께 계신다. 예수님은 우리가 고통 중에 있는 사람들을 돕는다고 해서 그분께 도움이 된다 말씀하시지 않았다. 예수님은 단지 우리가 그들을 도우려 할 때 아예 '그분'을 찾게 될 거라고 약속하셨다. 그분은 과부와 고아와 함께하겠다고 말씀하셨고, 어디든 그분의 백성 두세 사람이 그

분 이름으로 모인 곳에 함께 계실 거라고 말씀하셨다.[9]

어쩌면 나의 고질적인 문제가 당신에게 있을지도 모르겠다. 우리는 '주변에서' 일어나는 일에 정신이 팔린 나머지, 하나님이 우리 '안에서' 행하실 일을 보지 못할 때가 많다. 해결책은 쉬우면서도 어렵다. 우리가 신앙에 '관해서' 들은 것을 실질적인 행동으로 연결해야 한다. 많은 사람이 자신도 모르게 이 둘을 같은 것으로 혼동한다. 나도 수시로 그런다. 그건 아마도 우리의 관심을 사로잡는 온갖 방해 요소에 정신을 팔기 때문이다.

하찮은 목적에 정신을 팔지 말고 인생의 더 큰 목적에 다시 집중해야 한다. 지나간 기회에 시선을 두지 말고 고개를 돌려 주어진 눈앞의 기회를 바라봐야 한다. 주변 사람의 필요를 보고 그 필요를 도우려 시간을 내면 이 전략이 통한다는 걸 알 것이다. 학문적인 연구만 하지 말고 직접 실천하라. 단순히 더 많은 정보를 수집하거나 교회 안에서 새로운 프로그램만 고민하지 말라. 그저 주변에서 이미 벌어지는 일에 더 관심을 갖고, 기쁨과 기대감으로 그 일의 한복판으로 들어가라.

사람은 평균적으로 27,375일 정도 산다.[10] 짠 음식을 즐겨 먹으면 좀 덜 살 테고, 브로콜리를 즐겨 먹으면 좀 더 오래 살 것이다. 우리가 인생을 어떻게 사느냐는 세상이 좀 더 좋아지거나 나빠지는 데 막대한 영향을 미친다. 이 많은 날을, 기쁨을 앗아가는 방해 요소에 사용하지 말자.

27,000일이 어떤 이에게는 꽤 큰 숫자처럼 들릴지 모르지만, 나처럼 23,000일을 지나온 사람에게는 작은 숫자일 뿐이다. 당신은 이 시간표 위 어느 지점에 있는지 모르겠지만, 이런 질문을 던져 보길 바란다.

'나는 시간을 얼마나 소중히 여기는가? 미래를 위해 하루를 잘 살았는지 매일 돌아보고 있는가, 아니면 목적 없이 되는 대로 사는 데 만족하고 있는가? 현재 상태를 뒤흔드는 모험을 하지 않고 몸을 사리는가, 아니면 현재 상태를 뒤흔들어도 무너지지 않도록 자신을 단련시키는가?'

목적지와 중간 지점을 분명히 정립했는가? 지금이라도 늦지 않았다. 목적에 집중하지 않고 하찮은 것들에 정신을 팔거나 냉담에 빠져 행동을 미루기가 너무도 쉽다.

명심하라.

우리의 행동 하나하나가 쌓여 우리 삶을 만들어 간다.

그러니 사랑으로 행동하라.

당신에게 얼마나 많은 날이 남았는가? 계산해 보라. 어떤 사람이 되려는가? 남은 시간으로 무엇을 하려는가? 남은 시간에 의미 있고 아름답고 기쁘고 목적 있는 것들에 집중할 수도 있고, 하나뿐인 귀한 삶을 정처 없이 허송세월할 수도 있다. 하나님이 주신 놀라운 선물 하나는 '선택'이다. 지금이라도 정말로 중요한 것들에 에너지를 쏟느라 바쁜 삶을 시작하라.

더 좋은 소식이 있다. 이렇게 살기 위한 가장 확실한 방법이 있다. 지금 당신이 어디에 있든 그 자리에서 예수님을 찾으라. 그분을 출발지요 도착지로 삼은 뒤, 그 사이에 분명한 중간 지점들을 찾으라.

하나님이 나타나시기만 기다리며 세월을 흘려보내는 짓은 그만두라. 하나님은 이미 당신과 한방에 같이 계신다. 하나님이 당신을 기다리고 계실지 모르니 그분을 그만 기다리라.

알고 보니
나도 예수 스토커?

진리를 배우기만 하고 그에 따라 행동하지 않으면 우리 구주를 단순한 선생으로 보는 것이다.

나는 사람들이 읽고 좋아해 준(내 희망사항이다) 책을 몇 권 썼는데, 내가 쓴 이야기가 사람들에게 도움이 되었다는 소식을 들으면 기분이 참 좋다. 또 종종 내 생각 몇 토막을 SNS에 올리기도 한다. 내게 SNS는 마치 공동의 대화처럼 느껴진다. 사고를 자극하는 아이디어를 올리고 다른 누군가가 그 아이디어를 더 좋게 다듬는 과정이 뿌듯하다. 나는 이런 다양한 글쓰기를 통한 소통이 전반적으로 정말 즐겁다.

그렇긴 한데……

때로 사람들이 내가 쓴 글에 묘사한 정보를 토대로 우리 집 주소를 알아내 이른바 스토킹을 해 마음이 불편하고 힘들다. 하루는 이른 아침에 일어나서 커피를 마시려고 1층으로 내려갔는데, 뒷문 쪽 창문 밖에 한 낯선 남자가 앉아 있는 게 아닌가! 화들짝 놀란 나는 뒷문을 열어 "누구시죠?" 하고 물었다. 스토커를 알아보는 방법은 간단하다. 대답의 첫마디가 "저는 스토커가 아닙니다"이면 십중팔구 스토커다. 그 남자 역시 그랬다.

또 한번은 공항에서 늦게 귀가하여 내가 좋아하는 파란색 셔츠와 추리닝 바지로 갈아입고 아내가 책을 읽는 거실로 갔다. 창문 근처에 잠시 서 있는데 휴대폰이 울려 받아 보니 여성의 목소리가 들렸다.

"파란색 셔츠가 정말 잘 어울리네요."

소름이 끼쳤다. 나는 아무 대답도 하지 않고 그냥 재빨리 블라인드를 치며 전화를 확 끊어 버렸다. 맙소사! 그 여성은 우리 집 잔디밭에 서서 창문을 들여다보고 있었다.

이런 일은 집이 아닌 장소에서도 일어난다. 한번은 늦은 시각, 샌디에이고 집으로 돌아오는 비행기를 탔다. 그 주에 이미 몇 번이나 다른 도시를 다녀온 상태였다. 저녁에는 최대한 집에 돌아와서 아내와 함께하려고 노력한다. 강연 일정이 꽉 차 애틀랜타에 갔다가 당일 집에 돌아오는 식으로 일주일에 네 번을 오가기도 한다(그렇다 보니 마일리지가 '엄청' 쌓여 있다).

그날도 그렇게 긴 한 주를 보내고 비행기 좌석에 앉아 눈을 감고 숨을 깊이 내쉬는데, 무릎에서 무언가가 느껴졌다.

'옆 사람이 가방을 짐칸에 올리기 전에 잠깐 내 무릎에 놓았나 보군.'

좀 이상했지만 반응하지 않고 일단 잠자코 있었다. 실은 "난 자고 있으니까 빨리 내 무릎 위의 물건을 치우시오"라는 무언의 메시지였다.

그때 어디선가 노트북 자판 두드리는 소리가 들렸다. 눈을 떠 보니 글쎄 어떤 남자가 내 무릎 위에 버젓이 자신의 노트북을 켠 채 올려놓은 것이 아닌가. 황당 그 자체였다. 그는 교회에서 내 강연을 봤다고 했다. 내가 쓴 책들이 아주 마음에 들었고, 여자 친구와 함께 내 좌석에서 라이브 영상통화로 진행하는 이 특별한 행사를 열기로 마음먹었다는 것이다. 나는 특별 게스트라고 한다. 물론 나는 초대받은 적도 없고 수락한 적도 없었지만.

이쯤에서 한마디 하고 싶다.

제발 이런 행동을 하지 말아 달라!

마지막 사례다. 트위터로 텍사스 주에 사는 한 남자에게서 메시지를 받았다. 내가 2주 뒤 댈러스를 지나갈 거라는 소식을 들었다면서 나를 만나고 싶어 했다. 그의 초대에 감사했지만 나는 댈러스러브필드공항에서 내리니 갈 수 없다고 설명했고, 그 뒤로는 아무 메시지도 날아오지 않았다.

2주 뒤 나는 댈러스로 향했다. 마침 몇 년 동안 보지 못한 친한 지인 존도 댈러스를 지난다고 했다. 그는 워싱턴 DC 근처 고향에서부터 자동차로 전국일주 중이었다. 나는 그를 보고 싶어서 내가 댈러스공항에 도착하면 호텔까지 태워다 줄 수 있냐고 물었다. 우리 일정은 정확히 일치했고, 그는 서버번 차로 밤 10시까지 오겠다고 했다.

모든 일정이 척척 맞아떨어졌다. 나는 비행기에서 내려 짐을 찾고 밤 10시에 공항을 나섰다. 10시 1분에 존이 서버번을 세우고 나를 불렀다.

"밥!"

몇 차선 건너에서 차창 속을 보니 내가 기억하는 존의 모습이 아니었다. 하지만 만난 지 몇 년이나 지났으니 외모가 변했으려니 생각했다. 그러면서도 한편으로 의아해서 확인도 할 겸 질문을 던졌다. "워싱턴 DC에서 오는 길은 어땠나요?"

그러자 곧바로 대답이 날아왔다.

"껌이었죠. 겨우 이틀밖에 안 걸렸어요."

나는 안심하고 차에 탔고 그는 운전을 시작했다.

공항에서 8킬로미터쯤 달렸을 때였다. 휴대폰 문자가 왔다.

"밥, 공항인데 어디 있나요?"

이 문자를 두 번이나 정독하고 나서야 내가 존의 차에 타고 있지 않다는 현실을 파악했다. 나는 운전대를 잡은 남자에게 고개를 돌려 똥그래진 눈으로 말을 더듬거렸다.

"저…… 존이 아니시군요?"

나는 겁먹은 티를 내지 않으려고 애썼지만 어쩔 수 없이 목소리가 조금 떨렸던 것 같다.

"존이요? 아닙니다."

그는 흐리멍덩한 눈으로 천천히 말했다.

'맙소사!'

순간, 2주 전 트위터에서 잠깐 오갔던 메시지가 기억났다. 그렇다. 바로 그 남자였다! 그 남자에게도 서버번이 있었다! 이 무슨 우연이란 말인가!

"전에 선생님께 메시지를 보냈던 사람입니다."

그가 말할 때 나는 순간적으로 자동차 문을 여는 손잡이에 손을 뻗으면서 도로에서 안전하게 구르기에는 속도가 너무 빠를지도 모른다고 생각했다.

"그렇군요."

썩소와 함께 겨우 용기 내서 내뱉은 한마디였다.

나는 다른 차를 타려고 차를 세우게 한 뒤, 차에서 내려 물었다. "왜 워싱턴 DC에서 이곳으로 왔다고 말씀하셨나요?"

그러자 남자는 되레 당당한 표정으로 대답했다.

"3년 전에 워싱턴 DC에서 여기로 이사왔거든요."

참으로 희한했다. 이어지는 대화에서 그가 줄리아드음대를 졸업해 우간다 북부에서 음악 교사를 꿈꾸는 뮤지션임을 알게 되었다. 그는 먼저 나를 만난 뒤 결정하기로 했고, 차로 공항에서 배회하며 내가 나오기를 기다렸던 것이다. 내게 부담 줄 생각은 없었겠지만 나는 몹시 부담스러웠다(창문 없는 어두컴컴한 방에서 음악과 씨름하느라 사람이 좀 별난 것이었을까).

지금까지 소개한 이 사람들은 모두가 어떤 식으로든 나를 방해했다. 일부러는 아니겠지만 어쨌든 나는 방해를 받았다. 필시 당신도 어쩌면 이런 일을 겪었을지 모른다. 물론 거실 창문 밖에 누군가가 숨어 있던 적은 없어도, 당신 시간과 에너지를 빼앗을 자격이 있다고 생각한 사람은 있을 것이다. 그들은 당신이 반응을 보일 때까지 전화를 걸고 문자와 SNS 메시지를 보낸다. 상대방의 감정을 헤아리지 않은 채 괴롭힌다 생각 못하고 끈기가 미덕이라며 착각한다. 당신의 필요가 아닌 그저 자신의 필요로 당신 삶을 바라본다. 우리 모두 어느 정도 이런 면이 있는 것 같다.

이런 사람이 당신에게 방해 요소가 되거나 당신의 기쁨을 빼앗는다면 응답하지 않아도 된다. 그들 이메일에 답하지 말라. 좀 무례한가 생각이 들겠지만 이는 자신을 위한 경계선을 정하는 것이다. 방해 요소에 오랫동안 끌려다니면 이루지 못한 꿈들이 산더미처럼 쌓인다는 사실을 계속해서 기억해야 한다.

솔로몬의 말을 명심하라.

"모든 지킬 만한 것 중에 더욱 네 마음을 지키라."[1]

방해가 되는 사람들은 시간이 남는 사람을 알아서 찾아갈 것이다.

삶에서 원치 않는 두드림이 너무 많다는 생각이 든다면 우리가 주변에 어떤 종류의 신호를 보내고 있으며 어떤 종류의 경계를 세우고(세우지 않고) 있는지 깊이 돌아봐야 한다.

이 부분에서 매우 신중해야 한다. 너무 극단적으로 흘러서는 안 되기 때문이다. 이런 식으로 생각해 보라. 경계는 좋지만 장벽은 좋지 않다. 담을 쌓더라도 문을 한두 군데는 뚫어 놓으라. 해자를 두른다 해도 도개교 놓는 걸 잊지 말라. 왜일까? 아무리 불편하거나 원치 않는다 해도 '모든' 출입을 차단하면 외로움을 넘어 고립되기 때문이다. 아름다운 삶을 이루려면 때로는 뜻밖의 조언과 우연한 만남도 필요하다.

당신 시간이 중요한 줄은 잘 알지만, 너무 효율성만 따지지 말고 주변 사람을 사랑해 줄 시간을 내라. 노래 가사나 책을 썼거나 영화에 한두 번 출연했다고 해서 도도하게 굴지 말고 사람들에게 문을 열라. 당신의 자아가 아닌 마음이 필요한 만큼의 프라이버시는 지키되, 몇몇 사람은 해자를 건너오도록 허락하라. 당신 자신이 대단한 사람이라는 생각이 자신이나 당신을 의지하는 사람에게 또 하나의 방해 요소가 되게 하지 말라. 후한 마음으로 나를 열면 더 나은 사람이 될 수 있다.

관계 안에서 이러한 균형 유지는 말할 수 없이 중요하다. 예수님과의 관계에서도 어느 정도 균형이 필요하다.

혹시 예수님을 스토킹하고 있는가? 수많은 성경 구절을 암송하고 모든 성경 이야기 위치를 정확히 알고 있는가? 성경 속 모든 이름과 족보를 알고 있는가?

그러나 예수님이 무리에게 하신 말씀을 암송하는 데 그치지 않고 낯선 누군가와 '십자가의 길'을 같이 걸어 줄 수 있겠는가? 교회에 너무 오래 다닌 나머지, 교회라면 질색하는 타이어 가게 주인과 소통하는 법을 잊어버렸는가?

예수님을 스토킹하는 행동은 지식만 많고 그만한 행동이 없음과 비슷하다. 신앙생활 어느 시점에서 나는 예수님을 많이 '알면서' 실제로 예수님을 위해 무언가를 '하지는' 않았다는 사실을 깨달았다. 나는 학생을 가르치는 교수와도 같았지만 실천가는 아니었다. 가난한 사람과 과부, 고아에 관한 구절을 많이 알지만 그들에게 예수님을 나타내려는 행동은 하나도 하지 않았다. 기부하거나 십일조 내는 게 그 같은 행동 아니냐고 말하는 사람이 있을 줄 안다. 하지만 성경 어디에도 가난한 사람에게 돈 몇 푼 던져 주었다고 따로 그들을 돕지 않아도 된다는 구절은 없다.

오해하지는 말라. 하나님이 주신 자원을 그분 일에 사용하는 것도 중요하다. 하지만 돈을 주는 것과 섬김은 다르다. 물론 둘 다 제대로 한다면 예배가 될 수 있다. 둘 다 각기 다른 방식으로 우리 마음을 변화시킨다. 둘 다 필요하다는 말이다.

내 말의 요지는, 예수님이 하라고 하시는 일을 말만 하지 말고 실제로 시간을 내서 행해야 한다는 것이다. 다시 말해, 예수님에 대한 스토킹을 멈추어야 한다.

때로 이런 질문을 듣는다.

"어디서부터 시작해야 합니까?"

어디서 시작하든 그건 중요하지 않다. 여기서도 좋고 저기서도 좋다. 거리에서도 좋고 다리 아래서도 좋다. 싱가포르에서도 좋다. 스케이트를 신고 해도 좋고, 열기구를 타고 해도 좋다. 완벽한 계획을 세우려는 노력 자체가 사실상 방해 요소다. 계획과 자금 조달을 마칠 즈음에는 이미 늦을 수도 있다.

그래도 망설여진다면, 가장 좋은 첫 단계는 당신이 믿는 것을 시작하는 것이다. 그리스도인이라면 성경에서 믿음을 발견한다. 성경 말씀들은 우리에게 단순히 기쁨과 목적으로 가득한 삶을 사는 법 이상을 제공한다. 내게는 날마다 빼놓지 않는 아침 습관이 있다. 일어나 커피를 내린 뒤 잠잠히 집중하며 묵상하는 시간을 가지는 것이다.

어떤 신앙 공동체에서는 이를 "큐티"(quiet time, QT; 조용한 시간)라고 부른다. 사실, 20년간 나의 큐티는 그리 조용하지 않았다. 적어도 사람들이 흔히 생각하는 의미에서의 큐티는 아니다. 비슷하긴 하지만 나의 큐티는 꽤나 시끄럽다. 그 시간에 나는 내가 옳다고 믿는 것들을 돌아보고, 성경 말씀과 일치하는지 확인하려고 성경을 뒤적거린다. 내게 이 시간은 지켜야만 하는 의무가 아니라, 홀로 하나님과의 만남을 즐기는 시간이다.

수년 동안 나는 아침에 아내 차를 세차해 왔다. 이 행동은 내 삶의 방해 요소를 걷어 내는 데 도움이 되었다. 이 시간은 내 큐티의 일부였다. 이 시간에 예수님의 말씀을 묵상하며, 그분이 명령하신 더 어려운 일을 어떻게 수행할지를 고민한다. 이를테면 원수를 사랑하고 어려운 사람을 돕는 일 등이다. 나는 예수님의 말씀이라면 무조건 받아들였다. 더 깊이 묵상해야 할 경우, 주차장에 좀 더 오래 머물면서 아내 차의 바퀴 휠까지 닦았다(아침에 예수님과 꽤 오랫동안 시끄러운 시간을 보냈기 때문에 아내 차는 항상 먼지 하나 없이 번쩍거렸다).

무엇이든 당신에게 맞는 시간을 찾으라. 그것이 맞지 않으면 새로운 무언가를 찾으라.

단순히 꼭 해야만 한다니까 의무감에 큐티 시간을 갖는 사람은 시간이 없어 묵상을 못할 경우 죄책감에 시달린다. 하나님이 원하시는 건 그저 우리가 항상 그분과 함께 다른 아무것에도 방해받지 않는 시간을 가지는 것임을 기억하라.

아침에 성경을 읽고 묵상한다면 아주 좋다. 아니면 다른 시간을 찾으라. 언제라도 당신에게 맞게 시끄러워도 조용해도 좋다. 자신이 속한 교회 전통, 구조, 관행이 늘 예수님과 함께하는 데 도움이 되지 않는다면 과감히 자신에게 맞는 것을 새로 찾아내라. 나는 누군가가 나를 의무감으로 만나고, 내게 시간을 내지 못한다고 죄책감 느끼기를 결코 바라지 않는다. 하나님도 그러시지 않을까? 우리가 그분과 앉아서 감옥에 있는 기분을 느끼기보다 대관람차나 스케이트보드를 타거나 첼로를 켜면서 그분과 함께하는 게 그분이 원하시는 바가 아닐까?

날마다 묵상 시간에 나는 내 생각을 한 번에 한 문장씩 써서 나 자신에게 이메일을 보낸다. 밥 고프라는 남자에게서 하루에 날아오는 편지가 100통이 넘는다. 다음 날 아침 나는 내 생각들이 실제로 옳은지 확인하려고 다시 살펴본다. 이러한 시간은 나 자신과 내 신앙을 더 잘 이해하게 해 준다. 나는 성경에서 찾아낸 아름다움과 진리의 메시지를 내 이메일로 보내고, 일부는 SNS에도 올린다. 그중에는 처음에는 옳게 보였어도 성경과 일치하지 않는 것도 있었다. 그런 내용은 다시는 입 밖으로 꺼내지 않는다.

나는 아침에 성경을 읽으며, 내 삶을 산만하게 하는 방해 요소들과 싸우는 데 도움이 될 무기들을 확보한다. 하루 중 어떤 일이 펼쳐질지 나는 알 수 없다. 아무도 알 수 없다. 이런 아침 습관은 하루를 시작하기 전 진리와 사랑으로 내 삶을 정돈하는 데 도움이 된다. 마치 옷장에 빈 옷걸이를 걸어 두면 여유 공간이 생기는 것처럼, 삶이 나에게 예기치 못한 상황을 건넬 때 마음의 여유가 준비되어 있다.

재미난 사실은 우리는 스토커를 정말 쉽게 알아본다는 것이다. 스토커에게는 우리의 레이더망에 걸리는 무언가가 있다. 그런데 지금 하나님이 우리를 보며 "사돈 남 말 하네"라고 말씀하고 계신지도 모른다. 하나님은 우리를 모험 가운데로 초대하시는데 우리는 도서관에 앉아 있는 걸로 만족한다. 하지만 하나님은 나처럼 흠 많은 사람이 마음껏 다가오도록 문을 활짝 여셨으며 나도 세상에 나아가 마음 문을 열라고 말씀하신다. 물론 우리가 사람들을 완벽하게 사랑할 수는 없지만 부단하게 노력할 수는 있다. 자신의 기쁨과 목적을 보호하려 건강한 경계를 설정하는 동시에 누군가를 문안으로 들이고 싶다면, 내가 지금까지 해준 이야기에서 얻은 몇 가지 팁을 소개한다.

첫째, 당신 이름을 부르는 소리가 들린다고 해서 무조건 그 소리가 하나님이 당신의 인생길로 누군가를 보내셨다는 뜻은 아니다. 그 트위터 남자는 내 이름을 불렀지만 그는 내가 만나려 했던 사람이 아니었다. 때로 우리는 의심스러운 제안을 하나님의 섭리와 실제 하나님의 지시로 오해한다. 예수님은 양 떼가 목자의 음성을 안다고 말씀하셨다. 경험이 쌓이고 성경 말씀을 더 깊이 이해할수록 예수님의 음성과 서버번을 탄 낯선 이의 음성을 더 쉽게 구분하게 된다.

둘째, 무언가 기회가 있다고 해서 반드시 우리를 위한 하나님의 계획은 아니다. 그리스도인이라면 하나님이 원하시는 일을 하기 원한다. 나는 이 부분에서 동의하지 않는 사람을 별로 만나 보지 못했다. 문제는 사람들이 하나님의 '계획'을, 그분이 뒷주머니에 숨기고서 우리에게 보여 주지 않으려는 비밀 지도처럼 여긴다는 것이다. 혹은 나뭇가지가 떨어지는 것 같은 무작위적인 사건을 하늘의 징표로 여기기도 한다. 물론 어떤 면에서는 일종의 사인이기도 하다. 하나님이 우리와 이런 식으로 의사소통하실 수 있을까? 물론이다. 하나님은 우리 관심을 끌기 위해 나뭇

가지가 아니라 아예 나무로 통째 우리를 치실 수도 있다. 하지만 하나님은 글로 써서 우리에게 건네실 수도 있고, 실제로 그렇게 하셨다. 하나님의 사랑의 편지에 이미 쓰여 있는 글을 시간 내서 읽어 보라.

셋째, 우리 집 문 앞에 서서 두드리는 사람이 다 예수님은 아니다. 하나님이 우리 삶을 위한 계획을 전해 주라 하셨다고 주장하는 사람이 많을 것이다. 맞는 말일 수도 있다. 하지만 정말로 하나님 말씀인지 확인하기 위한 최선은 그분이 이미 하신 말씀을 읽어 보는 것이다.

하나님의 명령은 대개 헷갈리지 않는다. 사실 우리는 두 가지 결정만 하면 된다. 첫째, 하나님이 이미 하신 말씀을 나 자신에게 어떻게 적용할 것인가? 둘째, 실제로 할 것인가?

스토킹을 당하는 건 분명 삶의 방해하는 요소요, 기쁨을 빼앗기는 일이다. 누구를 삶 속에 들여 나 자신을 내줄지 신중하게 판단하라. 예수님에 대한 스토킹은 분간하기가 조금 더 어렵다. 실제로는 거의 아무것도 하지 않는데 옳은 일을 하는 것처럼 '보이기' 때문이다.

자신의 일로 당신을 방해하는 스토커들을 차단하라. 동시에 당신의 일을 게을리하지 말라. 당신의 일은 예수님과의 진정한 관계 안으로 들어가는 것이다.

'진짜 믿음'을 만드는
한 끗 차이

몇 년 전 들었던 〈디스 아메리칸 라이프〉(This American Life)라는 라디오 프로그램의 한 회차가 지금도 기억에 남는다.[1] 그날 방송에서는 실제 믿음으로 발전하는 어릴 적 오해들에 관해 집중적으로 다루었다. 거기에 나온 두 가지 사례를 소개하겠다.

네 살쯤 되는 여자아이가 공항에서 비행기를 타려고 기다리

고 있었다. 아이는 비행기가 나는 걸 본 적은 있지만 실제로 타
보는 건 처음이었다. 비행기가 하늘로 날아오르자, 아이가 옆자
리에 앉은 사람에게 물었다.

"우리는 언제 작아져요?"

땅에서 볼 때마다 항상 비행기가 장난감처럼 작아졌기 때문
에 궁금했던 것이다. 자신이 하늘로 날아오르면 작아질 거라 생
각하면서도 비행기에 올라탄 아이는 얼마나 용감한가!

레베카라는 또 다른 소녀는 이가 빠진 어릴 적 친구 이야기
를 회상했다. 레베카 친구는 아빠가 몰래 들어와 빠진 이를 가져
가면서 배게 밑에 돈을 찔러 넣는 내내 잠든 척했다.

이튿날 친구는 레베카에게 말했다.

"난 이빨 요정이 누구인지 알아."

"정말? 누군데?" 레베카가 깜짝 놀라서 물었다.

"우리 아빠야." 친구가 대답했다.

레베카는 도무지 믿을 수 없었다. 그녀는 그 이야기를 이렇
게 회상했다. "학교가 끝나고 집으로 조르르 달려가 엄마에게 말
했던 기억이 난다. '엄마, 나 이빨 요정이 누구인지 알아요!' ······
(엄마가) 말했다. '정말? 이빨 요정이 누구니?' '레이첼 아빠가 바로
이빨 요정이에요! 로니 로버펠드 아저씨가 이빨 요정이지 뭐예
요!' 그러자 엄마가 '그걸 어떻게 알았어? 그건 완전 비밀인데 말
이야. 아무한테도 말하면 안 된다. 네 말이 맞아. 로니 아저씨가

이빨 요정이란다.'"

　이런 귀여운 이야기들은 우리를 미소 짓게 한다. 하지만 그 아이는 비행기가 작아진다고 얼마나 오랫동안 믿었을까? 또 다른 아이는 로니 로버펠드가 이빨 요정이라고 얼마나 오랫동안 믿었을까? 둘 다 꽤 오랫동안 믿었다.

　우리도 꽤 오랫동안 믿는 것들이 있다. 개중에는 사실도 있고 아닌 것도 있다. 우리가 믿은 것들이 진실과 거짓 중 어디에 속할지 다 알아내려면 평생 걸릴지도 모른다.

　우리가 믿는 게 다 진실은 아니며, 모든 사실이 믿음의 수준까지 발전하지는 않는다. 때로 우리는 진실처럼 보이지만 완전히 거짓인 아리송한 풍문을 믿기도 한다. 대부분 이런 풍문은 우리에게 큰 해를 끼치지 않지만 거짓 믿음은 평생 명료함과 목적 없이 살게 하는 강력한 방해 요소가 될 수 있다. 따라서 우리가 믿는 것이 진리인지 알아내려는 노력이 필요하다. 그동안 익숙해져서 당연하게 받아들인 그럴듯한 설명과 가정을 다시 생각할 필요가 있다.

　오래된 어릴 적 믿음 가운데 하나를 골라 보라. 깨진 유리? 검은 고양이? 산타클로스? 천국? 이런 믿음을 현미경 아래에 놓고 자세히 들여다볼 용기가 있다면 이러한 믿음을 그토록 쉽게 받아들이게 한 그릇된 동기를 발견하게 된다. 어쩌면 우리 모두 행복한 생각을 품고 싶었는지도 모른다. 어떤 집단에 받아들여지기 원했거나, 불확실성에서 비롯된 불쾌함을 없애고 싶었을 수도 있다. 한때 안전한 항구처럼 느껴졌던 믿음이 지금은 믿음이라는 또 하나의 감옥처럼 느껴진다. 우리는 괜한 질문으로 현재 상태를 뒤흔들기 싫어한다. 진짜 답을 찾아 나서지 않는다. 황당한 건 이런 회피 전략이 어느 정도 통한다는 사실이다. 최소한, 통하는 것처럼 보인다.

수많은 사람이 참됨을 찾아 이해하고 믿는 대신, 특정한 방식으로 행동하는 비슷한 성향의 무리에 속해 있음으로 만족한다. 그야말로 인생에서 가장 흡인력 강한 방해 요소다. 그래서 조심하지 않으면 의미 있고 기쁨과 목적이 충만하고 최선을 다하는 삶을, 단순히 비슷한 부류의 집단에 속하는 데 목을 매는 삶과 맞바꿀 수 있다.

당신에게 신앙이 중요하기에 신앙을 진정으로 나타내기 원하는가, 아니면 단순히 신앙을 표방하는 모임에 들어가기를 원하는가? 목적 있는 삶을 살고 싶다면 무엇을 진정으로 믿을지 '스스로' 결정해야 한다. 무엇을 믿어야 하는지 자신의 가정을 버려야 한다. 무시했던 사실을 다시 보고, 어딘가에 속하려고 받아들였던 거짓을 버려야 한다. 예수님이 이 땅에 오셔서 전하신 메시지의 핵심 중 하나는 세 단어로 압축할 수 있다.

"당신은 이미 소속되었다!"

어쩌면 두려운 도약일 수 있다. 충분히 이해한다. 하지만 비행기가 하늘에 오르면 작아진다고 계속 믿으려는가? 더 아름다운 진리가 존재한다. 이 중요한 작업을 솔직하게, 진정성 있게 하라. 명심하라. 예수님은 혼란해한다고 나무라지 않으셨다. 오히려 자신의 지식으로 힘과 명성을 얻을 수 있다고 믿는 자들을 꾸짖으셨다.

나에 관한 솔직한 사례를 들어 보겠다. 나는 천국의 존재를 믿는다. 성경뿐 아니라 내 본능이 천국의 존재를 말해 준다. 내가 성경이 진리라고 믿어지고 예수님이 천국을 확실하게 말씀하셨기 때문이다. 그런데 때로 내가 천국이 존재한다고 결론을 내린 다른 이유가 궁금할 때가 있다. 천국이 있다고 믿는 믿음을 내 경험으로 증명하지는 못했다. 천국을 다녀왔다는 사람들 이야기를 들어는 봤지만 내가 천국에 가 본 적은 없고 내 주변에도 한 명도 없다. 당신은 어떤지 모르지만 나는 듣거나 읽고 나서 무조건 믿는 성향이 아니다. 내가 이렇다고 해서 하나님이 진노하시지는 않겠지만, 이런 내 성향은 의심을 낳는다. 내 경우, 이 의심을 푸는 유일한 방법은 실제로 죽어야만 가능하다. 따라서 이 의심을 풀려고 내가 딱히 해야 할 일은 없다.

이런 논의에 몸을 배배 꼬는 독자가 있을 줄 안다. 책을 쓰거나 강단에 서거나 교회에 열심히 다니는 사람이면 이런 정도는 알아야 마땅하다고 말하는 독자라면 더더욱 그럴 것이다. 하지만 조금만 흥분을 가라앉히고 들어 보면 당신과 주변 사람에게도 이러한 솔직한 대화가 도움이 될 것이다. 이런 솔직함에 고개를 내젓는 교회에서 신앙생활을 했다면, 내 안의 모든 사랑과 존중심을 끌어모아 당신에게 말한다. 조금만 참고 들어보라.

우리에게 필요한 것은 편안하고도 안전한 대화에서 탄생하고 철저한 성경 연구를 통해 완벽히 검증된 믿음의 집합이다. 의심을 잘 다루면 더없는 분명함과 목적으로 이어진다. 모든 질문을 예수님께로 가져오라. 그분은 그 어떤 질문도 충분히 다루실 수 있다.

한 남자가 예수님께 나아와 더없이 솔직하게 말했다.

"내가 믿나이다! 내 믿음 없음을 도와주소서!"[2]

잠깐! 뭐라고? 믿는 동시에 믿지 못한다고? 어떻게 이럴 수 있는가? 간단하다. 우리 모두에게 의심이 있다. 어떤 이는 신앙을 이해하려고 용감하게 다가가지만, 다른 이는 의문을 무시하거나 질문을 미루는 차이만 있을 뿐이다. 신앙을 잘 모르면서 아닌 척하지 말라. 확신하는 척하지 말라. 고민과 의문을 무시한 채 계속해서 혼란 가운데 머물지 말라. 의문과 의심을 솔직히 꺼내라. 의문과 의심 없는 척하지 말고 예수님께로 가져가 풀어 달라고 요청하라. 그러려면 꽤 많은 시간과 성찰, 솔직함이 필요하지만 그럴 때 비로소 하나님 앞에 진정으로 나아가게 된다.

믿음은 단순하지만 쉽지 않다. 성경은 믿음을 "바라는 것들의 실상이요 보이지 않는 것들의 증거"로 정의한다.[3] 이 정의가 참으로 마음에 든다. 누구를 믿을지 아는 것만으로는 부족하다. 믿음이 실제로 무엇인지 알아야 한다.

당신은 무엇을 소망하는가? 소망이 빨리 이뤄지기를 조바심 내며 기다리는가? 나도 그렇다. 무엇이 아직 보이지 않는가? 직업인가? 쉼인가? 관계인가? 재정적 지원인가?

아직 눈에 보이지 않아도 곧 찾아올 거라고 믿는가? 바로 이 믿음을 예수님은 진짜 신앙이라고 말씀하셨다. 신앙은 모든 답을 얻는 것이 아니다. 어떤 이는 자신의 지식에 대한 흔들리지 않는 확신이 신앙이라고 말하지만, 그렇지 않다. 신앙은 우리의 불신을 품어 주실 만큼 하나님의 사랑과 인내심이 크다는 것을 알고 자신의 믿음에 관해 질문할 용기를 갖는 것이다. 또한 신앙은 믿는다고 말하는 바를 위해 실제로 무언가 할 용기를 내는 것이다.

몇 해 전 지독히도 더운 날이었다. 내가 사는 샌디에이고에서는 흔치 않은 날씨였다. 이글이글 열기가 타오르는 열기가 도로에 가득했고, 살인적인 더위로 온 도시가 수면 상태에 빠져 있었다. 우리는 마치 더위를 식히려 혀를 내민 채 그늘에서 자는 몸집 큰 개와도 같았다. 나는 더위를 이겨 보고자 아들 애덤에게 전화를 걸어 함께 바다에서 수영하자고 제안했다. 그렇게 우리는 보트를 챙겨 해변에서 서쪽으로 항해를 시작했다. 사방이 탁 트인 바다로 나가 파도를 헤치고 배 위에서 바닷바람을 맞으면 그렇게 좋을 수가 없다.

바다로 멀리 나간 뒤 엔진을 끄고, 아들과 나는 서로를 쳐다보고는 함께 바다로 뛰어들었다. 차가운 태평양 물에 몸이 닿는 순간, 그렇게도 간절했던 시원함이 온몸을 감쌌다. 우리는 한참을 물속에서 놀았다. 이윽고 아들은 보트로 돌아갔고, 나는 좀 더 머무르며 눈을 감은 채 물 위에 누워 행복한 순간을 만끽하고 있었다. 잠시 뒤, 바람이 불어 고개를 들어 보니 내가 헤엄쳐서 돌아갈 수 없을 만큼 빠른 속도로 배를 밀어내고 있는 것이 아닌가. 마치 영화 〈캐스트 어웨이〉(Cast Away)의 한 장면 같았다.

이런 상황에 처하면 누구든 두려울 수밖에 없다. 이런 경험을 해 본 적 있을 것이다. 보트에서 멀리 표류하는 상황은 아니라도 관계나 소망, 사업 기회, 꿈에서 멀어지는 경험 말이다. 물론 그 순간 나는 아들과 함께였다. 나 혼자서 배로 돌아가려고 안간힘 쓸 필요가 없었다. 하지만 그 순간 나는 작게나마 두려움과 고립감, 절박감을 맛보았다. 그리고 예수님이 베드로에게 배에서 나와 물 위를 걸어 그분께 오라고 말씀하셨던 성경 말씀이 생각났다.[4]

예수님은 무(無)에서 유(有)를 만드는 기적으로 수천 명을 먹이셨다.[5] 그리고 기적을 경험한 제자들은 얼마 뒤 배를 타고 예수님보다 먼저 바다로 갔다. 바다를 반쯤 건넜을 때 별안간 큰 파도와 바람이 일었다. 제자들은 (혼자서 배로 가지 못했던 나처럼) 아주 살짝만 겁이 났을지 모른다. 끝이라 생각했던 풍랑을 이미 한 번 예수님과 함께 이겨 냈으니까 말이다.[6]

하나님은 우리의 편안한 상황에서는 속삭이시고, 우리의 고통 속에서는 크게 외치실 것이다.[7] 갑자기 어디선가 예수님이 나타나셔서는 물 위를 걸어오셨고, 베드로가 신앙을 가질 뿐 아니라 행동으로 신앙을 '보여 줄' 기회를 주셨다. 우리가 매일 얻고 있는 기회다.

나머지 이야기는 기억할지 모르겠다. 베드로는 바람과 파도를 향해 소리를 질렀다.

"주여, 만일 주님이시거든 나를 명하사 물 위로 오라 하소서!"

베드로는 그분이 주님이 아니라면 누구라고 생각했을까?

예수님은 일장 연설이나 3대지 설교를 하시지 않았다. 그냥 "오라"라고 말씀하셨고, 이 한마디에 갈릴리 바다의 모든 물결이 베드로를 데려오기 위해 그가 있는 배 쪽으로 방향을 틀었다. 이런 일은 어느 순간 다양한 모습으로 우리 모두에게 일어난다.

하나님은 상황을 구구절절 설명하시지 않는다. 그분의 스타일은 그냥 초대하시는 것이다. "오라"라는 그분의 초대를 받아들이면 삶의 방향이 바뀐다. 하나님은 우리가 머리로 이해하기만을 바라시지 않는다. 믿음대로 행동해 세상에 선한 영향을 발하기를 원하신다.

나머지 이야기는 다 알 것이다. 베드로는 배에서 내려 물 위를 걸어 예수님 쪽으로 갔다. 베드로는 꽤 주저하면서 발을 내딛지 않았을까? 다양한 카메라 앵글을 상상해 보라.

"만일 주님이시거든."

이는 예수님의 신분증을 요구한 것이다. 필시 예수님은 베드로에게서 호기심과 조심성을 보셨을 것이다. 베드로의 친구들은 그를 불가능을 행하는 사람으로 보았다.

믿음으로 모험하면 방해 요소가 마치 기다렸다는 듯 우리를 본궤도에서 이탈시키려고 한다. 베드로에게 이런 일이 일어났다. 물 위에 작은 구멍이 생겨 발 하나가 빠진 게 아니었다. 그가 바람과 파도에 정신을 판 탓에 온몸이 빠질 만큼 큰 구멍이 생겼다. 여기서 당신에게 묻고 싶다. 무엇이 당신을 방해하는가? 일? 친구들 절반은 직장을 잃을까 봐 두려워하고, 절반은 현재 직장에 평생 다녀야 할까 봐 두려워한다. 힘든 관계가 방해하는가? 수치스러운 과거인가? 혹은 미래에 대한 두려움? 이러한 방해에 주저앉지도, 무시하지도 말라. 당신의 삶을 흐트러뜨리는 방해 요소들을 다루라.

베드로가 배에서 처음 예수님을 불렀을 때는 그분의 정체를 확인했다. 그가 예수님을 두 번째 부른 것은 그분의 정체는 확인했지만, 몸이 바다에 가라앉기 시작하자 자신에게 큰 도움이 필요하다는 것을 직감하고 그분께 도와 달라고 요청하기 위함이었다. 신앙에 의문이 생기는 건 괜찮은 정도가 아니다. 아주 좋은 일이다. 뒷걸음질하지 말라. 오히려 더 파고들라. 용기를 내서 의문 속으로 한 발 내딛으라. 단, 가라앉기 시작하면 예수님께 도움을 요청하라.

최근 나는 새로운 스포츠를 시작했다. 수상스키라고 말하기도 민망하다. 그저 발에 스키만 부착한 채 대부분 넘어지거나 질질 끌려 다니는 수준이다(해변에서 보면 기미투성이 늙은 미끼로 대어를 낚시하듯 보였을지도 모른다). 일어서려 해도 또다시 넘어진 뒤 보트로 다가가서는 친구에게 손을 내밀었다. 친구는 나를 물에서 들어 올리려고 내 쪽으로 걸어왔다. 나는 악수하듯 친구 손을 잡을 생각이었다. 하지만 친구는 내 허리를 붙잡아서 들어 올렸다. 마치 하나님이 우리를 어떻게 붙들고 계시는지를 상기시켜 주듯.

"밥, 자네는 놓아도 나는 놓지 않을 걸세. 내가 자넬 붙잡았어."

친구는 그렇게 나를 안심시켰다.

베드로 이야기로 돌아가 보자. 본문에서 강조하지 않지만 중요한 부분이 있다. 베드로는 배로 어떻게 돌아갔을까? 이 부분을 놓치지 말라. 하나님은 우리가 꿈을 향해 나아가는 길이나 실패하고 돌아오는 길에도 함께하신다. 그날 밤 베드로는 물 위를 한 번만 걷지 않았다. 두 번 걸었다. 그가 가라앉을 때 예수님은 그에게 구명튜브를 던지거나 알아서 배로 헤엄쳐 가게 놔 두시지 않았다. 대신 예수님은 손을 뻗어 끌어올리셨다. 필시 예수님은 베드로의 허리를 붙잡고 "내가 잡았다. 네가 나를 놓아도 나는 너를 놓지 않을 것이다" 말씀하셨을 것이다.

하나님은 지금도 여전히 우리를 거친 세파에서 구해 내고 계신다. 베드로가 의심을 품었던 순간, 예수님은 그에게서 멀어지시지 않고 오히려 더 가까이 다가가셨다. 예수님은 베드로를 위하셨다. 그를 수치스럽게 여기지 않으셨다. 예수님이 베드로에게 하신 유일한 질문은 곧 나를 향한 질문 같았다.

"왜 의심하였느냐?"

그날 베드로는 이미 예수님이 수천 명을 먹이시는 기적을 현장에서 목격한 상태였다. 그는 사람들이 치유받고 심지어 죽은 자가 살아나는 광경까지 본 인물이다. 우리는 베드로보다 우리가 나을 거라 생각하지만 과연 더 나을까?

그날 밤 베드로는 두 가지 방식으로 신앙을 표현했다. 첫 번째 방식은 자신도 예수님처럼 물 위를 걷게 해 달라는 요청이었다. 불가능해 보이는 일을 요청하는 기분이 어떤지 나는 잘 안다. 용기를 내서 예수님께 그런 요청 한두 가지 해 보기를 바란다. 두 번째 방식은 더 용감했다. 바로 자신이 가라앉고 있으며 구원이 필요하다고 인정한 것이다. 이 순간, 신앙이라는 동전의 양면을 볼 수 있다. 바로 행동과 의심이다.

무언가를 온전히 믿으면 모험이 가능해진다. 무언가를 진정으로 의심하면 도움을 요청하게 된다. 행동과 의심, 이 두 가지를 하면 올바른 궤도를 유지하게 된다. 아무런 의심 없이 신앙이 있다고 함은 인간의 본성을 무시하는 것이다. 의심 없는 맹목적 신앙은 갈수록 무르익지 않고 금세 싸구려로 전락한다.

하나님은 우리가 반신반의하며 그분 길에 동참한다고 실패로 보실까? 전혀 그렇지 않다. 하나님은 그분께로 가는 발걸음 하나하나를 기뻐하시며, 그분이 삶에 예비하신 기적을 우리가 의심할 때 즉시 우리 허리를 붙잡아 주신다. 그러면서 우리도 그분을 붙잡기를 바라신다. 설령 우리가 그분을 놓는다 해도 그분은 우리를 절대 놓지 않으신다.

사랑하는 사람이 고통으로 신음하면 흔들림 없는 신앙을 유지하기 어렵다. 나는 가까운 사람을 병으로 떠나보낸 적이 많다. 아마 당신도 소중한 사람을 잃은 적이 있을 것이다. 특히 지난 몇 년간 그 어느 때보다 많은 상실이 우리 삶을 강타했다. 마음이 아프지만, 이렇게 묻고 싶다. "신앙은 상실에 어떻게 반응하는가? 의심? 아니면 몸부림과 비난? 지속적인 비통과 원망?"

하나님은 상실로 인해 우리의 신앙이 시험대 위에 오를 때 이 모든 반응을 허용하신다. 하지만 나는 의심과 마찬가지로 상실도 예수님께로 용감하게 나아가라는 초대라고 생각한다. 어떤 실패나 슬픔을 경험하더라도 의미 있게 부딪히라.

내게는 빌이란 친구가 있다. 빌은 매우 심각한 암 진단을 받았다. 빌과 아내 로리는 향후 몇 달간 있을 항암 치료에 관해 설명을 들으려 진료 약속을 잡았다. 그리고 나는 그날 친구 부부 곁에 같이 있어 주려고 휴스턴으로 날아갔다.

예수님의 형제 야고보는 아픈 사람이 있을 경우, 교회 장로들을 부르고 그들은 병든 사람 머리에 기름을 바르고 기도하라고 했다.[8] 당신은 교회에서 신앙을 어떻게 표현했는지 모르겠지만 내게는 이런 기름부음이 좀 이상하고 낯설게 느껴진다. 그런데 그날 휴스턴으로 날아가면서는 갑자기 오늘날 이 방법을 사용하지 못할 이유가 있을까 하는 생각이 들었다.

비행기에서 내리자마자 빌의 머리에 바를 기름을 구해 보기로 마음먹었다. 그런데 어떤 기름을 구해야 할지 알 수 없었다. 엑스트라 버진 올리브유? 피마자유? 코코넛 기름? 병원으로 가는 길에는 가게 하나 보이지 않았고, 시간은 촉박했다. 그런데 버커킹이 눈에 들어왔다. 안에 들어가서 직원에게 내 사정을 설명했더니 감사하게도 기름을 컵에 담아 주었다.

가 보니 빌 부부는 추가 검사를 하려고 기다리는 중이었다. 우리는 이 병마와 잘 싸우기 위한 용기와 명료함과 집중력을 주시고 의사에게도 치료할 지혜를 달라고 함께 기도했다. 기도를 마친 뒤 나는 기름에 손가락을 넣었다가 빼어 빌의 이마에 댔다.

빌 부부는 용기와 기쁨과 예수님으로 충만했다. 나는 그 이유를 안다. 바로 방해받지 않는 삶을 살고 있어서다. 빌과 같은 진단을 받으면 삶의 집중력이 극에 달한다. 생각해 보면 우리 모두 때가 되면 죽는다. 단지 죽는 시각만 모를 뿐이다. 이 필연적인 죽음을 생각하면 우리를 방해했던 것들이 더 이상 발목을 잡지 못한다. 흔들리지 않을 것만 같던 신앙이 흔들리다가 새로운 발판 위에 다시 서게 된다. 이런 상황에서 신앙이 흔들리는 건 당연하다.

날마다 우리는 의심을 용감하게 인정하고, 그런 의심의 한복판에서 예수님을 받아들인다. 과감히 한 발 내딛어 내 신앙을 내보이며, 실패할 때 구해 달라고 외칠 수 있다. 이런 삶과 정반대는 방해 요소에 한눈팔고 두려움에 빠진 채 살아가는 것이다. 그중 최악의 행동은, 익숙하지만 한물간 믿음과 가정을 움켜쥔 채 진리라고 주장하는 것이다. 그러면 이빨 요정과 작아지는 비행기 같은 그릇된 믿음과 기대를 평생 품고 살게 된다.

담대한 신앙은 '진짜 세상'에서 사는 것이며, 그러려면 먼저 우리 신앙이 진짜여야 한다. 필요하다면 손을 뻗으라. 사업 계약을 체결할 때처럼 예수님과 악수하지 말고, 그분이 당신의 허리를 잡아 끌어올리시게 온전히 맡기라.

'나'를 내주는 기적,
감사와 꿈들이 터지는 기적

　대학교 다닐 때 텍사스 출신의 유명 뮤지션 케이스 그린에
게 편지를 보낸 적이 있다. 그런데 놀랍게도 며칠 뒤 그에게서
답장이 왔다. 물론 별일 아닐 수도 있지만 내게는 보통 큰일이
아니었다. 편지를 보니 세 문장만 쓰여 있었다. 지금은 내용이
기억도 안 나지만 그건 중요하지 않다. 내가 우러러보던 사람이

쓴 그 간단한 세 문장은 더없이 중요했다. 그 세 문장은 내가 가치 있는 사람처럼 느껴지게 해 주었다. 내가 그의 시간을 투자할 만한 가치 있는 사람임을 인정받았다는 기분이 들었다.

우리 모두 삶에서 이와 같은 것을 원한다. 사랑, 자신을 받아 주는 느낌, 연결. 사실, 나는 세상의 어떤 기준으로도 대단한 사람이 아니었다. 나는 그가 누구인지 알았지만, 그는 나에 관해 들어 본 적도 없을 것이다. 어떤 상황인지 충분히 짐작이 간다. 필시 그는 내 편지를 받고서 세상 모든 사람이 원하는 걸 갈구하는 젊은이라고 생각했을 것이다. 그는 내게 자신에게 가장 많은 것을 준 게 아니다(즉 조언을 읊지 않았다). 대신 그는 자신에게 가장 없는 것, 즉 자신의 시간을 내주었다.

내게 그 편지는 뜨거운 여름날의 시원한 냉수 한 잔과도 같았다. 내 기억으로는 낯선 사람의 인정에서 비롯된 감사를 처음으로 깊이 느꼈던 순간이었다. 그는 자신의 사랑이 희소성 자원인 듯 아끼지 않았다. 그는 마치 사랑으로 만들어진 인간임을 말해 주듯 사랑을 아낌없이 부어 주었다. 이타적인 사랑에서 나오는 너그러운 행위를 통해, 우리가 저수지가 아니라 강이라는 사실을 보여 주었다.

케이스 그린은 몇 년 뒤 비극적인 비행기 사고로 세상을 떠났지만 그가 나누어 준 삶의 작은 순간은 이후 내가 어려운 형편의 사람들과 관계를 맺는 방식에 깊은 영향을 미쳤다. 감사는 먼지가 수북이 쌓인 트로피처럼 자신만 고이 간직하는 감정이 아니다. 그것은 봄바람처럼 우리를 스쳐 지나가는 선물이다. 우리는 모두 사랑을 흘려보내는 통로다.

감사를 표현하는 데 1,000개나 되는 폭죽을 터뜨릴 필요는 없다. 때로는 촛불 하나 켜는 것만으로도 충분하다. 우리는 지극히 작은 친절과 관심으로 서로를 빚고 변화시킬 능력이 있다. 이유는 간단하다. 하나님도 우리에게 메시지만 전하시지 않았고, 우리에게 자신을 직접 내주셨다. 때로는 세 문장이면 자신과 다른 누군가의 삶의 궤적을 바꿔 놓기에 충분하다.

나를 내주는 데는 크게 세 가지 방법이 있다. 시간, 재능, 보물(돈)이다. 시간과 재능은 따로 정의할 필요가 없다. 이것들을 이해하기는 쉽다. 하지만 이것들을 내주기는 어렵다. 여기서 '보물'은 돈을 의미한다. 방해받지 않고 기쁨으로 충만한 삶을 살려면 돈에 대해서 조금 생각해 봐야 한다.

나의 첫 책 *Love Does*(사랑은 행동한다)는 원래 내 경험을 내 아이들에게 전해 주려는 마음에서 출발했다. 그러다가 내 친구 돈과 브라이언이 이 책을 읽을 만한 가치 있는 작품으로 만들어 주려고 자신의 재능을 기부했다. 덕분에 그 책은 〈뉴욕 타임스〉 (*The New York Times*) 베스트셀러로 등극했다. 우리 아이들은 내가 그 책을 쓰기 전, 책이 완성되면 꼭 읽겠노라 약속했다. 수많은 오자를 고치는 수고는 분명 가치가 있었다.

우리는 그 책의 수익금으로 소말리아, 이라크, 우간다, 콩고 민주공화국, 아프가니스탄을 비롯해 오랜 내전 탓에 안전하고 깨끗한 환경에서 배우고 자랄 기회를 잃어버린 나라에 학교와 집을 세우기로 결정했다. 친구들이 내게 재능을 내준 뒤 꽤 많은 사람이 자기 보물(돈)의 일부를 꺼내 그 책을 사 주었다. 덕분에 여러 나라에서 거의 100개에 달하는 건물을 학교로 탈바꿈할 길이 마련됐다. 그로 인해 매년 수천 명의 아이들에게 배움의 기회가 열렸다. 몇몇 친구가 자신의 재능을 내준 것만으로 이 엄청난 일이 벌어졌다(당신이 그 책을 샀다면 당신 역시 이 모든 일에 역할을 한 셈이다. 당신은 우리와 함께 가난한 지역을 섬기는 공동체를 이루었다. 당신을 직접 만날 수만 있다면 손바닥에 불이 나도록 하이파이브를 하고 싶다).

그 책뿐만 아니라 내가 쓴 모든 책에 내 전화번호를 싣자 다들 미친 짓이라며 고개를 내저었다. 내가 책에 전화번호를 밝힌 동기는 30년 전 한 친절한 남자가 귀한 시간을 내어 내게 세 문장의 편지를 써 준 데서 비롯했다. 나는 현재 일주일에 100통 이상의 전화를 받는다. 휴대폰이 터지는 곳에 있는 한, 음성사서함으로 넘어가지 않고 일일이 다 통화한다. 내가 전화를 받고 인사하면 상대방이 내가 시간을 투자할 만큼 중요하고 가치 있는 존재임을 말해 주는 것이다. 이렇게 주변 사람에게 나 자신을 기꺼이, 아낌없이 내줄 때 나는 방해받지 않는 삶을 살고 있다는 확신이 든다. 물론 내가 이름도 모르는 사람의 전화를 받고 인사하는 것이 남들 눈에는 지독히 방해받는 삶처럼 보일 것이다. 하지만 전혀 그렇지 않다. 멀리서는 방해받는 듯 보여도 실제로는 더없이 분명한 목적에 집중하는, 기쁨이 가득한 삶이다.

나는 법정에서도, 수천 명 앞에서 강연할 때도 전화를 받는다. 운전면허시험장에서 줄을 서서 기다리다가도 받는다. 디즈니랜드에서도 받는다. 마트에서도, 킬리만자로산을 오르다가도 전화를 받는다. 그러니까 당신이 상상하는 모든 곳에서 전화를 받는다. 딱 하나, 화장실만 빼고(저번에 화장실에 있을 때 전화를 건 사람이 당신이라면 미안하다).

이러는 목적은 사람들에게 나를 아낌없이 내주는 것이다. 단, 당신 성향과 맞지 않으면 굳이 이렇게까지 할 필요는 없다. 아울러 앞서 말했듯이 우리는 '하나'가 되어야 할 뿐 '똑같이' 될 필요는 없다. 방해받지 않는 삶, 목적에 집중하는 충만한 삶을 살기 위해 휴대폰을 바다에 던져 버리고 꼭 해야 할 일을 해야 할 수도 있다. 이런 식으로 생각하라. 커다란 방해 요소 제거는 다른 곳에 자신을 내주기 위함이다.

넷플릭스보다 훨씬 더 중요한 것에 자신을 쏟기 위해 방해 요소를 제거해야 하는가? 이 땅에서 우리가 머무를 시간이 언제 끝날지 아무도 모른다. 하지만 나는 내 마지막 1-2분이 어떠할지는 안다. 그 순간 아마도 내가 시간을 낸 사람에 대한 감사와 내게 시간을 내준 사람을 향한 감사로 가득할 것이다. 이게 내가 다른 사람에게 나 자신을 내주는 가장 큰 이유 중 하나다. 내가 책을 쓰고, 전화를 받고, 수요일마다 디즈니랜드 톰 소여 섬에 앉아 있는 이유다.

"왜 자신을 내주시죠?"라고 묻고 싶은가?

예수님이 먼저 그렇게 하셨다. 자신을 내준다고 해서 물론 우리가 다 예수님이 되지는 않는다. 다만 아주 조금씩 예수님을 닮아 간다. 나는 예수님을 더 닮아 가는 일이라면 뭐든 할 것이다. 이런 식으로 자신을 내주는 게 당신과 맞지 않는다면 자책하지 말고 자신의 그런 면을 사랑으로 받아 주라. 그리고 다른 사람이 당신에게 이런 식으로 자신을 내주지 않는다고 불평하지도 말라. 그들도 당신과 비슷한 성향일지 모르니.

중요한 일을 한다는 것은 자신에게 쉬운 일을 한다는 뜻은 아니다. 이 책에서 제시하는 생각 중에는 실행하기 어려운 것도 더러 있다. 충분히 이해한다. 사실, 나로서도 힘들다. 그래도 시도해 보라. 어렵더라도 한번 부딪혀 보라. 예수님은 겟세마네 동산에서 두 문장을 말씀하셨다.

"만일 할 만하시거든 이 잔을 내게서 지나가게 하옵소서. 그러나 나의 원대로 마시옵고 아버지의 원대로 하옵소서."[1]

예수님은 고통스러울 줄 알면서도 결과를 통제하려고 하시지 않았다. 나중에 십자가 위에서는 죽음으로 죽음을 패배시키면서 이렇게 말씀하셨다.

"다 이루었다."[2]

그 순간, 예수님은 우리를 위해 사랑으로 가는 길을 뚫으셨다. 예수님은 희생으로 자신을 내주셨으며 임재하심으로 계속 내주고 계신다. 그분은 삶 속에서 어려운 일들, 나아가 가장 어려운 일을 하셨으며, 우리도 이 어려운 일을 하기 원하신다. 그분의 궁극적인 목적은 이 세 문장으로 표현되었다.

최근 내전이 많이 벌어진 우간다 북부는 아콜리족의 고향이다. 대부분의 내전이 그렇듯 많은 사람이 목숨을 잃었고, 아마도 아콜리족의 희생이 가장 클 것이다. 내전이 앗아 가지 않은 목숨은 에이즈가 앗아 갔다. 170만 명 이상의 사람이 고향 땅에서 쫓겨났다. 내가 처음 도착했을 때 임시 막사에서 매주 1,000명 이상이 죽어 가고 있었다. 이 거대한 비극의 폭풍이 휩쓸고 지나간 뒤 우간다 전체 평균 연령은 겨우 15세로 대폭 줄었다.

143

우리는 아동 유괴가 가장 많이 일어난 지역에 학교를 세웠다. 학교에 처음 입학한 아이들 대부분은 어린 나이에도 싸움터에 나가는 병사들이거나, 내전 혹은 질병으로 부모를 잃은 고아들이었다. 우리는 새 가족이 필요한 수백 명의 아이를 가족 집단으로 나누었고, 각 가족은 한 명의 교사가 이끌게 했다.

처음 몇 년간은 작은 건물 몇 채를 빌려서 학교로 사용했다. 그러다 학생 숫자가 급속도로 불어나 우간다 북부 숲속 오지에 있는 약 6만 평 규모의 땅을 매입했다. 우간다에는 땅의 명칭을 정하는 법적 인프라조차 없어 지역 토지 위원회를 세워 부동산 등기부등본을 발행하기 시작했다. 물론 우리 학교 등기부등본이 가장 먼저였다.

우물을 파고, 도로를 건설하고, 불발탄을 치우고, 아이들을 위한 학교를 세우기 시작했다. 눈코 뜰 새 없이 바빴다. 어느덧 건물은 60채로 늘었고, 우물은 다섯 개, 교사는 30명이 되었다. 컴퓨터실, 물리학·화학 실험실도 갖추고 있고, 정식 축구장도 있다. 매일 1,600명 이상의 학생이 수업을 듣고 있으며, 그 아이들 대부분 우리가 지은 학교 기숙사에서 생활한다. 우간다에는 올림픽 규모의 트랙이 전국을 통틀어 두 개밖에 없는데, 그중 하나가 우리 학교에 있다. 또한 지역 전체에서 가장 많은 세금을 낸다. 내가 하고 싶은 말은 우리(당신과 나와 또 다른 사람들)가 이 도시를 함께 지었다는 거다. 이제 우체국과 소방서만 있으면 된다.

1년 뒤 확인해 보라. 그때까지 이 두 가지도 갖추리라 확신한다.

학교에 관련된 이야기는 끝도 없지만 그중에서도 마음에 유독 크게 남아 있는 학생이 있다. 나와 처음 만날 때 열두 살이었던 오보모라는 이름의 학생이다. 오보모의 부모는 신의 저항군(Lord's Resistance Army)이라는 반군 조직에 의해 집에서 끌려나와 오보모가 보는 앞에서 산 채로 화형당했다. 워낙 끔찍한 이야기라 읽기 힘들었을 줄 안다. 하지만 그 어린 나이의 오보모가 실제로 겪은 일이다. 친척은 그 아이를 먹이거나 교육시킬 여력이 없었다. 오보모 이야기를 듣자마자 그에게 해 줄 말이 곧바로 떠올랐다.

"환영한다!"

나는 그를 와락 껴안고 손을 꽉 쥐고서 학교라는 새 가족을 소개했다.

처음 우리에게 왔을 때 오보모는 정신이 나가고 겁에 질려 희망이라곤 보이지 않는 상태였다. 충격이 워낙 심한 탓에 처음에는 아예 잘 어울리지를 못했다. 하지만 오보모는 생각보다 회복력이 뛰어났고, 삶과 세상을 헤쳐 나가려고 부단히 노력했다. 시간이 지날수록 학업도, 관계도 나아졌으며, 학생들 가운데서도 리더로 나섰다. 오보모는 선생님에게는 기쁨을 선사하고 친구들을 격려하는 사람으로 커 나갔다. 다이아몬드같이 빛나는 아이들로 가득한 우리 학교에서도 녀석은 유독 환하게 빛났다. 그가 우리와 함께 있는 내내 이런 상승기류가 계속해서 이어졌다.

고등학교 졸업식이 다가오자 아이들은 신이 났다. 전쟁에서 살아남았던 아이들은 학업에서도 두각을 나타냈다. 당시 우리 학교는 하버드 표창장을 모방한 졸업장을 만들었다(무슨 말을 하고 싶은지 잘 안다. 고소하려면 해도 좋다). 우리 학교 역사에서 내가 가장 좋아하는 순간 중 하나는 오보모 머리에 졸업식 대표 연설자의 메달을 걸어 주었을 때다. 나는 오보모가 자신의 재능을 내줌으로써 또 다른 누군가에게 가능성의 문을 열어 줄 거라 믿어 의심치 않는다.

당신도 그러리라 믿는다. 나 자신을 내주면 이런 기적들이 일어난다. 그리고 그럴 때 다른 사람들도 목적 있는 삶으로 이끌어 줄 수 있다. 우리 자신을 내주면 기회들이 탄생하며, 그 기회는 우리 자신을 더욱 내주게 한다. 이러한 선순환이 계속해서 이루어지면서 우리를 더 의미 있는 목적으로 이끈다.

우간다 북부 밤하늘에는 무수한 별이 떠 있다. 대도시나 작은 마을, 교외, 주택단지 근처에 살면 이 정도 밤하늘을 제대로 상상하기 힘들다. 아프리카의 광활한 숲은 빛 공해가 거의 없고,

밤하늘은 반짝거리는 별들이 가득 메운다. 다채로운 빛의 파편은 상상 이상으로 드넓은 공간을 채우고, 지평선 너머로 뻗은 은하수도 보인다. 하늘을 수놓은 별 하나하나는 하나님이 얼마나 크시고 우리 인간이 얼마나 작은지를 새삼 깨닫게 한다.

우간다는 우주 항공 프로그램을 진행할 만한 나라가 못 된다. 하지만 마을에서 코흘리개 시절부터 하늘을 올려다보며 자란 우리 학교 학생들에게 하늘의 광활함은 깊은 경이감을 불러일으켰다. 나사(NASA)는 우주선 쏘아 올리기를 멈추었고, 자금 지원도 대부분 몇 년 전에 끊겼다. 나는 이 사실을 파악하고서 나사에 전화를 걸어 굴루(Gulu)에 있는 우리 학교에 보내 줄 남는 부품이 있는지 물었다. 우주 캡슐? 남는 보조 추진 로켓? 뭐든 좋았다. 나사 직원에게 학교 주소를 알려 주면서 최초의 로켓 우주선을 보내 달라고 요청할까 생각도 해 봤다.

우간다는 우주로 무언가를 보내 본 적이 없었다. 내 책상 위 고프로 카메라를 보며 상념에 잠겼다.

'우리 아이들이 이 방면에서 최초가 되면 어떨까?'

나사는 사실상 문을 닫은 상태여서 굴루 최초의 우주 프로그램을 추진하기로 마음먹었다. 일명 가사(GASA)였다. 나는 케냐 몸바사에서 헬륨 탱크 몇 개를 발견했고, 그것을 굴루로 운반해 왔다. 이 작업에만 기린 네 마리가 쓰였다. 우리는 나사 우주비행사 한 명과 항공사 소유주를 비롯해서 이 프로그램을 도와줄 사람을 영입하며 일을 벌였다.

몇 달 뒤, 우리가 굴루에 도착하자 내 아들 리치가 고프로 카메라를 천으로 싸서 스티로폼 아이스박스에 넣었다. 그런 다음, 기상 관측 기구에 헬륨을 주입하니 풍선이 폭 5미터 높이로 크게 부풀어 올랐다. 학생들이 카운트다운을 하고서 풍선을 하늘로 날려 보냈다. 수많은 학생들이 하늘로 솟아오르는 풍선을 지켜보았는데 학생 사이에서 대장 격인 아이가 소리쳤다.

"올라간다! 저걸 봐! 어디 착륙할까?"

역시 세 문장이다.

한때 자동소총을 들었던 아이들이 이제는 모두 우간다 최초 우주선 발사단의 일부가 되어 서로 환호하고 울고 껴안고 난리도 아니었다. 아이들은 새로운 가족, 그리고 밝은 미래를 얻었다. 이제 아이들은 자신의 상상력이 허락하는 만큼 높이 날아오를 수 있었다.

이번 발사는 단순한 비유가 아니다. 이 발사를 시작으로 실제 진행할 수업이 있었다. 기상학을 좀 아는 친구의 도움으로 아이들은 높은 지대의 바람이 풍선의 궤도에 어떤 영향을 미치는지 계산했고, 물리학 계산으로 풍선이 어디에 떨어질지도 예측했다.

리치는 발사 후에 풍선을 추적하도록 아이스박스에 GPS를 넣어 두었다. 3분마다 새로운 신호가 잡혔다. 학생들은 풍선이 남쪽으로 날아가 300킬로미터 이상 상공으로 솟구치는 과정을 추적했다. 풍선은 우주 경계선에 진입했고, 대기가 희박해지면서 훨씬 더 커졌다. 마치 물풍선에 물을 가득 채우고 곧 터질 줄 알면서도 계속해서 채우는 것과도 비슷하다. 실제로 진공 상태에서 풍선은 결국 터졌고, 잔해는 땅으로 떨어졌다. 리치는 아이스박스에 낙하산도 달아 놓은 상태였다. 아이들은 우르르 컴퓨터로 몰렸고 아이스박스가 우간다로 돌아오는 과정을 추적했다. 박스는 학생들이 예측한 착륙 지점으로 향했다.

그런데 별안간 바람의 방향이 바뀌는 것이 아닌가. 학생들은 팔을 흔들고 돌아다니면서 부지런히 풍선의 새로운 궤적을 계산했다. 곳곳에서 팀 리더들이 소리질렀다. 어린 학생들이 내뿜는 열기로 후끈 달아올랐다. 나는 마치 아폴로 13호 발사 당시 휴스턴 현장에 있는 기분이었다. 아이들은 또다시 새로운 궤적을 알아냈다. 그 결과, 예상 착륙 지점이 서쪽으로 150킬로미터 이상 더 옮겨졌다. 새로운 착륙 지점은 다른 나라, 곧 콩고민주공화국 내였다. 별로 반갑지 않은 결과였다.

아이스박스가 땅에 떨어지자, 우리는 GPS 신호로 잡힌 카메라 위치를 인공위성 이미지로 확인했다. 100미터 거리를 두고 작은 움집 여섯 개가 보였다. 아마도 아이스박스는 밭에 떨어지거나 우거진 정글에 걸렸으리라 추측했다. 계속해서 3분마다 신호가 들어왔는데, 한 시간 뒤부터 새로운 변화가 보였다. 움집중 한 곳에서 확인된 GPS가 몇 분 뒤 다른 움집으로 옮겨 갔고, 그렇게 한 시간 동안 아이스박스는 모든 움집을 거쳐 갔다. 과연 마을 사람들은 우주에서 내려온, 낙하산과 카메라가 달린 박스가 이 움집에서 저 움집으로 이동하는 동안 무슨 생각을 했을까? 그 광경은 마치 영화 한 장면 같았으리라.

우리 학교 수위 한 사람의 이름이 "코스모스"(Cosmos; 우주)다. 농담이 아니다. 코스모스는 아이스박스가 떨어진 곳에서 그리 멀지 않은 콩고민주공화국 마을 출신이다. 우리는 그를 국경으로 보내 아이스박스를 회수할 수 있는지 알아보게 했다. 몇 시간 뒤 코스모스에게서 전화가 왔다. 아이스박스와 고프로 카메라가 있는 정확한 위치를 알아냈다는 것이다.

잠시 뒤 콩고민주공화국 군 당국에서 전화가 왔다. 코스모스가 스파이 혐의로 체포된 것이다. 저런! 아이스박스와 카메라, 낙하산을 보면 충분히 의심할 만했다. 갑자기 이 프로젝트가 엉뚱한 방향으로 흘렀다. 우리는 급히 우간다 친구들에게 전화를 했고, 그 친구들은 우간다 장군에게, 그 장군은 콩고민주공화국 장군에게 전화를 걸었다. 그리하여 코스모스는 다행히 그날 밤 풀려났다. 한바탕 소동이었다. 우리는 카메라를 회수했지만 저장 장치는 압수당했다. 그래서 아쉽게도 아이스박스가 우주 경계선에서 하강하는 모습은 확인하지 못했다. 지금도 그 저장 장치를 돌려 달라고 정부에 요청하고 있다.

요지는 이렇다. 모든 것이 우리 계획대로 되지는 않는다. 하지만 무슨 상관인가. 뜻대로 되는가 하면 뜻대로 되지 않기도 한다. 하나님은 일일이 점수를 매기시지 않으니 너무 연연하지 않아도 된다. 우리가 하나님 앞에 성공만 내놓으려고 할 때 하나님은 성패에 상관없이 시도 자체를 기뻐하신다고 말씀하신다. 이 아이들은 지금도 여전히 우주 프로젝트 이야기를 한다. 우리가 남에게 재능을 내주면 이런 놀라운 일이 벌어진다.

"올라간다! 저걸 봐! 어디 착륙할까?"

당신의 용감한 다음 모험은 무엇인가?

오보모는 우리 학교를 졸업한 뒤 법대에 두 번이나 지원했지만 두 번 다 떨어졌다. 늘 수석을 놓치지 않는 오보모였지만 우간다의 두 군데뿐인 법대는 경쟁이 치열했다. 처음 그가 법률가가 되겠다고 한 건 10년 전 우리 학교에 처음 도착했을 때였다. 두 눈으로 불의를 직접 목격한 오보모는 정의에 앞장서고 싶었다. 법률가의 꿈은 시간이 지나도 사라지지 않았다. 초등학교에 입학해서 고등학교 졸업 때까지 오보모는 틈만 나면 꿈에 관해 이야기했다. 우리는 함께 '오보모와 밥'이라는 이름의 법률 사무소를 차리자고 농담처럼 말하곤 했다. 귀에 쏙 들어오는 이름이지 않은가?

고등학교를 졸업하고 나니 법률가가 되겠다는 오보모의 꿈은 가까우면서도 멀게 느껴졌다. 그는 처음 법대에 지원했다가 떨어진 직후 내게 전화해 조언을 구했다. 나는 그 법대 학장실에 가서 합격시켜 줄 때까지 의자에 앉아 있으라고 말했다. 농담이 아니다. 내가 살아가며 터득한 전술이다. 내 책 *Love Does*(사랑은 행동한다)를 읽어 본 사람이라면 내가 무슨 말을 하는지 알 것이다.

오보모는 두 번째 떨어진 날에도 내게 전화했고, 그때도 나는 똑같이 말해 주었다.

"이번에는 합격시켜 줄 때까지 그곳을 떠나면 안 된다."

필시 이번에도 내가 농담하는 줄 알았을 거다. 하지만 오보모는 자신이 떨어진 게 부당하다고 생각했는지 꿈을 향한 열망으로 내 조언을 따랐다. 그는 다시 가서 학장을 만나 이 학교에 꼭 입학하고 싶다고 확신에 찬 목소리로 말했다. 부모를 잃고 우리 학교에 들어오게 된 과정도, 학업에 누구보다도 최선을 다한 이야기도 했다. 무엇보다 우간다에 정의를 세우고 싶은 꿈도 밝혔다.

대화가 끝나갈 무렵, 오보모는 학장에게 우주에 무언가를 발사해 본 적이 있냐고 물었다. 학장이 없다고 말하자 오보모는 자신이 법률가가 되게 도와준다면 자신과 학우들이 완성한 것보다 훨씬 더 위대한 발사가 될 거라고 말했다. 학장은 오랜 침묵 후 책상 위 서류를 뒤적이더니 이내 고개를 들고 말했다.

"자네를 환영하네."

당신은 무엇에 방해받아 왔는가? 큰 꿈을 하늘로 쏘아 올리지 못해 그 꿈이 활주로에 묶여 있는가? 물론 힘든 줄 안다. 인생 자체가 힘들다. 하지만 다시 시도해 보라. 당신 자신을 위해, 그리고 당신이 포기하지 않으면 혜택을 볼 사람을 바라보며 계속해서 시도하라. 단 세 문장이면 거대한 모험이 시작될지 모른다. 그러니 당신에게 자신을 내줄 한두 명을 찾으라. 그리고 당신도 다른 사람에게 자신을 내주라.

저 하늘의 별을 바라보며 다시 한번 경외심과 경이로움, 흐트러지지 않는 끈질긴 결의를 품으라. 그리고 카운트다운을 시작하라. 하늘의 천사들은 당신 삶을 보며 "올라간다! 저걸 봐! 어디 착륙할까?"라고 말할 날을 손꼽아 기다리고 있다.

오늘, 한 사람의 우주를 뒤흔든
당신의 한마디

샌디에이고 우리집 뒤편에는 정박지를 갖춘 만(灣)이 있다. 우리는 뒷문 앞에 앉아 항구를 느릿느릿 오가는 보트들을 구경하곤 한다. 구명보트, 거룻배, 소형 모터보트, 요트, 서핑보드, 제트 스키, 카약까지 다양한 배가 눈에 띈다. 우리 아이들이 고등학생 때, 하루는 학교에서 원하는 주제로 글을 써야 하는 숙제를 받아 왔다. 그날은 숙제고 뭐고 밖에 나가 놀기 딱 좋은 날씨였다. 조깅하는 사람, 원반 던지며 노는 개, 돗자리 위에서 낮잠을 즐기는 소풍객, 바다에 오가는 배들. 아이들은 뒤쪽 창문으로 자신을 부르는 세상을 바라보았다. 하지만 이내 풀이 죽은 표정으로 고개를 떨어뜨리며, 채워야 하는 빈 페이지를 응시했다.

간식을 먹은 아이들은 숙제로 투덜거리며 위층 각자 방으로 터벅터벅 올라갔다. 아이들 책상은 다 창문 쪽을 향해 있고, 창문 밖은 당신 짐작대로 바다가 보인다. 한 시간쯤 지났을 무렵, 나는 아이들이 잘하는지 확인하려고 올라갔다. 아니나 다를까. 아이들은 하나같이 창문 밖을 내다보며 마음이 붕 떠 있었고, 당연히 숙제는 저리 가라였다. 그때, 창문 밖으로 만이 북쪽으로 굽어지는 지점에서 무언가가 보이기 시작했다. 가로돛 식의 옛 범선이었다. 17세기 영국 해군 범선과 비슷했고, 다양한 크기와 대포와 돛이 장착되어 있었다.

아이들도 분명 이 범선을 보았다. 항구에 늘상 오던 범선과는 차원이 달랐다. 아이들은 몸이 근질근질한 눈치였다. 상황은 더 흥미진진해졌다. 얼마 뒤 '또 다른' 큰 배가 시야에 들어왔는데, 첫 번째 배만큼이나 크고 웅장한 배였다. 돛과 대포도 못지않게 많았다.

두 배는 마치 춤을 추듯 바다 위를 돌기 시작하더니 바람을 가르며 넓은 호를 그렸다. 두 배가 선회할 때 파도가 뱃머리에 부딪혀 하얀 물보라를 만들어 냈다. 거대한 두 배는 곧 서로 대포를 겨누고 해전 시연을 보일 참이었다.

나는 결국 아이들에게 공부 시간 끝이라고 선포했다. 아이들은 마치 용수철이 튀어 오르듯 의자에서 달려나왔다. 지루했던 오후가 갑자기 흥미진진해졌다. 이 장관을 구경하고 돌아오면 글거리가 생기리라 확신했다. 우리는 공연을 가까이서 구경하려고 재빨리 바다로 나가 우리 가족의 작은 배에 올라탔다. 배 위에서 줄을 잡고 몸을 빙 돌리며 해적처럼 명령을 내리면 어떨까 생각했지만 아쉽게도 잡을 줄이나 돛대는 없었다. 배 측면에 세워진 알루미늄 사다리는 우리의 방정맞은 몸짓을 견디기엔 턱없이 약했다.

전투 현장에 가까이 다가갔을 때 두 범선의 '사이'가 구경하기에 최적의 자리라는 판단이 섰다. 우리 배가 들어갈 만한 공간은 충분했다. 필요하면 둘 중 한 배가 항복하도록 도울 수 있을 것 같았다(또한 혹시 배 밖으로 떨어지는 사람이 있으면 우리가 건져 주기로 했다). 배들은 거대한 호 그리기를 마친 뒤 약 50미터 간격을 두고 서로 나란히 지나가기 시작했다. 나는 액션의 한복판으로 배를 몰아갔다. 우리가 자리를 잡자마자 두 배에서 작은 문이 열리고 대포 머리가 나오기 시작했다. 곧 벌어질 장관을 기대하며 재빨리 귀를 막았다.

양쪽 배에서 선체를 따라 매캐한 연기가 연속 피어오르면서

고막이 터질 듯한 폭발음이 들렸다. 물론 이 배들은 서로 진짜 대포가 아닌 소리만 요란한 공포탄을 쏜 것이었다. 두 배는 사격 거리에서 벗어날 때까지 몇 분 사이에 거의 20발의 대포를 쐈다. 우리는 연기 구름 사이에서 출렁거리며 환호성을 질렀다. 이윽고 집으로 돌아온 아이들은 위층으로 달려가 새로운 이야기를 마음에 품고 글을 써 내려갔다. 그날 오후 나는 어깨에 잔뜩 힘이 들어간 채 '재미난 아빠 상'은 따 놓은 당상이라고 확신했다.

아이들은 며칠 내내 그날 모험을 이야기하고 다녔다. 그런데 나중에 다른 항구에서 벌어진 모의 대포 전투에서 한 배가 사고로 '진짜 포탄'을 발사했다는 뉴스를 보았다. 사실, 이 배들에 장착된 현대식 포탄은 큰 효과음을 내려고 개조된 12구경 엽총 탄환을 사용했다. 모의 대포 전투에서 한 배는 실탄과 개조탄을 함께 실었는데, 실수로 엉뚱한 탄피 상자를 집은 것이다. 말할 것도 없이 관광객의 오후 시간은 엉망이 되었고, 몇 사람이 부상을 입었다(다행히 큰 부상은 아니었다).

요즘 들어 세상은 '말'이라는 실탄을 마구 발사하는 듯하다. 이런 상황 느껴 본 적 없는가? 요즘 우리가 선택한 단어들은 독하기 짝이 없다. 상처를 주고 거짓을 퍼뜨리고 상대방을 깎아내리는 말이 그 어느 때보다도 빗발친다. 물론 고의로 남의 마음이나 자신의 평판에 손상을 입히는 사람은 없을 것이다. 하지만 고의든 아니든 손상을 입힌다. 우리가 사용하는 말은 공포탄이 아니라 실탄이다. 성경에서 예수님은 우리가 무슨 말을 하든 마음 속에서 흘러나온 것이라고 말씀하셨다.[1] 하지만 과연 우리가 하는 많은 말이 나 자신과 주변 사람에게 방해 요소가 되었다는 사실을 알까?

"분노를 품는 것은 독을 마시고 상대방이 죽기를 바라는 것과도 같다."

이 비유는 우리가 남에게 쏟아 내는 모든 부정적인 감정에 똑같이 적용된다. 우리가 하는 모든 말은 우리 마음에서 나온다. 말은 삶의 표면 아래서 벌어지는 일들을 보여 준다. 당신이 사용하는 말은 은혜와 사랑, 포용이 가득한 마음을 보여 주는가, 아니면 불만과 비난, 냉소가 가득한 마음을 보여 주는가? 방해받지 않는 사람은 첫 번째가 가득하고 두 번째는 거의 없다. 당신 말은 고통과 기쁨 중 무엇을 낳는가?

오해하지는 말라. 인생이 항상 즐거운 꽃길이라고 생각하는 사람은 아무도 없다. 다만, 힘든 상황에 대한 우리의 반응이 우리 마음속에 평소 무엇이 가득한지를 보여 준다. 나는 내가 어떤 말을 사용하는지 철저히 조사하기로 했다. 더 정확히 말하면, 내 마음속에 무엇이 있는지를 알고 싶었다. 그래서 어느 해에는 내가 누구에게든 비판할 때마다 스스로에게 500달러의 벌금을 부과하기로 했다. 내가 아무리 옳다고 생각하고 상대방이 아무리 욕을 먹어 싸도 비판하지 않기로 했다. 이 액수로 정한 건 하와이 마우이섬에 갈 비행기 삯과 비슷해서다. 내가 마우이섬에 한 번 더 여행갈지 누군가에게 날카로운 말을 해 그 비용을 날릴지 둘 중 하나를 선택한다고 생각하면 좀 더 경각심을 가질 수 있었다.

이 액수는 말을 잘못 하면 관계적으로 생각보다 훨씬 더 큰 대가를 치르게 됨을 기억하는 데 도움이 되었다. 톡 쏘는 말을 할 때마다 500달러가 날아간다고 생각하면 입을 조심할 수밖에 없다. 요즘에는 내가 감당할 수준의 독한 말만 하려고 애를 쓴다. 그런데 그런 말은 별로 많지 않다.

한번은 내가 강연을 마치고 내려오자 사람들이 나를 구석으로 몰아붙였다. 나는 돌아서려 했지만 계속해서 내 앞을 가로막았다. 그들은 어떻게 하나님이 이런저런 집단을 그들의 행동과 라이프 스타일을 이유로 사랑하시지 않을 수가 있냐며 강하게 따져 댔다. 나를 맹렬히 비난하는데 살기마저 느껴질 정도였다. 나는 장황한 토론을 할 기분이 아니었다. 하고 싶은 말이 별로 없었다. 그저 빨리 집으로 돌아가서 아내와 저녁 식사를 하고 싶었다. 내가 무슨 말을 하려고 하자 그들은 재빨리 말을 끊으며 더 살기등등하게 나를 몰아붙였다. 이렇게 다섯 번쯤 당하고 나서 가려고 하자 또다시 내 앞을 막았다.

안타깝게도 주변에 "사격 중지!"라고 외쳐 줄 사람이 아무도 없었다. 그래서 결국 나는 방아쇠를 당기고 말았다. 해서는 안

될 말을 하고야 말았다. 돌이켜 보면 내 반응은 정당했지만 하나님이 기뻐하시는 반응은 아니었다. 그 순간, 나는 마우이 비행기표 몇 장을 잃어버렸다. 왜일까? 간단하다. 예수님을 나타냄보다 내 옳음을 주장하는 게 더 중요했기 때문이다. 예수님보다 나 자신을 더 내세웠다.

정반대 예를 들어보겠다. 대학 시절 나는 브래드라는 남자의 집에서 하는 성경 공부 모임에 참석했다. 브래드는 나와 부모님 나이 중간 정도였다. 그는 대학생이 나아갈 길을 찾도록 도와주고 있었다. 그런데 당시 나는 시간관념이 흐리멍덩해서 성경 공부 모임에 툭하면 지각했다. 브래드는 짜증 났을 법도 한데 한 번도 티 내지 않았다. 매주 내가 빈자리를 찾아 앉을 때까지 모임을 멈추고 기다려 주었다.

어느 날 내가 웬일로 모임 시작 몇 분 전에 도착했다. 나중에 브래드는 나를 한쪽으로 불러서는 "밥, 제때 와서 정말 고맙다"라고 따뜻하게 말했다. 그는 나를 나무라거나 비난하지 않고 내 마음을 움직이려 했다. 지금 돌아보면 그는 내 안에 있는 좋은 모습을 보았고, 그의 말은 그 모습을 밖으로 끌어냈다. 그의 말은 질책의 말이 아니라 인정의 말이었다.

40년이 지난 지금은 어떨까? 지금 나는 어디를 가든 좀처럼 늦지 않는다. 바로 몇십 년 전 늘 지각하던 나에게 한 번 일찍 왔다고 칭찬해 준 친절한 브래드 덕분이다.

우리의 말은 사람을 무너뜨리기도 하고 세우기도 하는 막대한 힘을 지녔다. 다른 사람에게 할 말을 지혜롭게 선택하라. 부정적인 무차별 사격으로 남의 삶을 방해하지 말라. 우리가 지혜롭게 선택한 말은 주변 사람을 더 낫고 더 아름다운 사람으로 변화시킬 수 있다.

세상에는 매일같이 진짜 총알이 빗발치는 곳이 있다. 그런 곳에서는 귀 기울여 주어야 할 사람의 목소리를 오히려 억압한다. 내가 세운 단체 '러브더즈'(Love Does)는 바로 그런 곳에 찾아간다. 우리는 전쟁으로 폐허가 되거나 그릇된 성적 전통으로 목소리를 잃은 사람에게 소망과 목소리를 돌려주고자 한다. 그래서 젊은 영웅들을 위해 학교를 세우거나 여성에게 글을 가르치지 않는 나라에서 여학교를 세우고 있다.

이라크 모술 외곽에서는 ISIS가 여성과 아이들을 두당 20달러에 사고판다. 야지디족에게 일어난 일이 알려지자 전 세계는 크게 분노했다. 이라크의 수도 외곽 지역, 이란 국경 근처에 아르빌이라는 도시가 있는데, 우리는 여기에서 훌륭한 새 친구들과 함께, 고향에서 쫓겨난 야지디족 아이들과 가족을 위한 학교와 집을 짓기 시작했다. 학교가 완공되어 새 학생을 맞을 때 나도 참석했다. 교실로 들어가 어린 야지디족 소녀의 가슴에 훈장을 달아 주며 "너는 이 나라의 소망이란다"라고 말했던 순간이 지금도 생생히 기억난다. 그날 나는 브래드가 된 것만 같은 기분이었다. 우리는 남에게 용기를 심어 주고 운명을 일깨워 주는 말을 해 줄 수 있다. 정말 놀라운 사실은 실제로 사람들이 우리가 말한 대로 된다는 것이다.

한번 해 보라. 부모라면 자녀의 삶을 향해 자녀의 마음이 갈망하는 아름다움과 소망에 관한 말을 해 주라. 가까운 사람에게 진선미의 말을 선포하라. 그냥 내 말에 고개만 끄덕이지 말라. 오늘 누군가에게 실천하라. 소방관이나 택배 기사, 주유소 직원에게 이런 말을 해 주라. 식당에서 음식을 만들거나 서빙하는 사람 혹은 마트 직원에게 "당신이 이 지역의 희망"이라고 말해 주라. 그러면 자신이 하는 일에 더 큰 기쁨과 목적을 품을 것이며, 당신 자신도 그러할 것이다.

하나님은 우리가 소망과 기쁨과 용기 있는 말을 할 때 우리가 어디 있는지는 관심이 없다. 어떤 사람인지에만 관심이 있다. 물론 이런 말을 한다고 해서 우리가 누군가의 구원자가 되지는 않는다. 대신 진실을 말하는 사람이 된다. 누군가의 마음속을 들여다보고 거기서 목적 일부를 끌어내 주는 사람이 된다.

이는 변변치 않은 사람에게 대단하다고 마음에도 없는 말을 하라는 게 아니다. 상대방을 하나님의 눈으로 바라보라는 말이다. 우리 모두가 서로를 이렇게 바라본다면 어떤 일이 벌어질까? 세상이 더 좋은 곳이 되지 않을까? 더 이상 암담한 현실을 그냥 받아들이지 않을 것이다. 삶에 좀 더 큰 영향력을 미치며 기쁨으로 살아야 한다는 사실을 보게 될 것이다.

아르빌 지역 장관은 우리와 함께 일하는 사람들을 존경했고, 학생들이 장관을 만나려는 소망을 품은 덕분에 우리는 장관을 만나게 됐다. 장관은 놀랍도록 담대한 사람이다. 그는 이라크 혁명 당시 첫 총알을 발사한 인물로 널리 알려져 있다. 당신이라면 이런 유명 인사에게 어떤 선물을 가져가겠는가? 나는 어떤 선물을 할지 몰라 샌디에이고에서 가져온 풍선을 가져갔다. 농담이 아니다. 몇몇 아이들이 미국에서 헬륨 풍선을 불었는데 바로 그 풍선을 가져갔다.

비행기 안에서 나는 그 장관을 만나면 무슨 말을 할지 고민했다. 그러다가 우리 그리스도인의 임무가 사랑하는 데 있음이 기억났다. 하나님의 홍보 담당자로서 멋진 문구만 만들지 말라는 의미다. 게다가 "말보다 행동이 중요하다"와 "백문이 불여일견"이라는 말도 있지 않은가. 그 풍선이야말로 내가 전하는 최고의 연설이었다. 이 학교의 존재 자체가 내가 미국에서 전했던 그 어떤 졸업 연설보다도 효과적이었다.

다음 행보를 어떻게 할지 혹은 자신의 노력을 인정받을지에

정신을 팔지 말라. 효율성을 따지지 말고 그냥 가서 사람들을 아
낌없이 사랑해 주라. 그들 삶을 향해 아름다운 말을 해 주라. 당
신 말에는 엄청난 힘이 있다. 아름다운 한두 마디로 어떤 일이
일어나는지 보라.

이라크 북부 쿠르드족 자치구 쿠르디스탄은 "페쉬메르가"
라고 부르는 용감한 쿠르드 민병대가 지키고 있다. 이 민병대 이
름은 문자적으로 '죽음에 마주 선 자들'이라는 뜻이다. ISIS는 모
술 도시를 점령하고 수백만 명을 포로로 잡아갔다. 용감한 페쉬
메르가 군인들은 그 도시를 포위하고 해방시키려 하고 있었다.
우리는 페쉬메르가 참호를 판 최전선으로 향했다. 내 풍선은
적들 눈에 잘 띄니 두고 올 수밖에 없었다. 참호에 도착해 보니
ISIS 병사들을 불과 몇백 미터 밖에서 볼 수 있었다. 양쪽에서 간
간히 총격이 오갔다. 나는 직접 만든 훈장을 챙겨 갔다. 참호에
도착하자마자 나는 짐에서 훈장을 꺼내 참호를 오르내리며 병사
들 가슴에 달아 주었다. 그들이 국가의 희망이라는 사실을 알려
주고 싶었다.

잠시 뒤 전체 작전을 책임지는 지휘관이 찾아와 내가 누구

이며 무엇을 하는지 물었다. 그는 우리를 전투 막사로 초대했고 모술 해방을 위한 계획이 무엇인지 알고 싶냐고 물었다. 나와 친구들은 두 번 생각할 것도 없이 즉시 고개를 끄덕였다. 나는 위성사진이 떠 있는 평면 모니터, 복잡한 통신 채널, 화살표가 가득 그려진 자세한 지도를 상상했다. 하지만 뜻밖에도 지휘관은 플라스틱 장난감 병정이 가득한 폭 2미터, 길이 2.5미터 정도의 모래 상자를 보여 주었다. 솔직히 무언가 더 있을 줄 알았다. 그만큼 그들은 열악한 상황에서 싸우고 있었다.

이러한 뜻밖의 일들이 당신과 나를 향한 하나님의 계획이다. 우리가 한 말은 우리 안에 있는 최선의 모습을 풀어놓게 한다. 너무 복잡하게 생각하지 말라. 비판과 미움에서 해방된 마음속을 뒤져 사랑과 긍정, 이해하는 말을 찾아내라. 자기 자신을 돌아보라. 부정적인 흔적이 당신 삶의 어딘가에 숨어 있는가? 당신 입에서 아름답게 상대방을 격려하고 생명을 주는 말이 흘러나올수록 당신도 그러한 사람으로 변해 간다.

실패 경험 없이는
'보호하심의 은혜'를 알 길 없다

하와이에 가 본 적이 있는가? 말로 다 표현하기 힘들 정도로 아름다운 땅이다. 주방 식탁만큼이나 커다란 야자수 잎이 숲을 뒤덮었고, 형형색색 새들이 땅에서 갑자기 떼로 날아오르기도 한다. 부드러운 바닷바람은 숯처럼 시꺼먼 현무암 위로 춤을 추며 살랑인다. 해변으로 파도가 끝없이 밀려오고, 가장 깊은 절벽 틈까지 이끼가 내려 있다. 그곳 사람들도 이런 아름다운 곳에서 사니 행복하기 그지없다.

대부분의 사람들에게 하와이는 꿈의 휴양지다. 하지만 풀잎 치마와 산호초, 작은 우산을 꽂아 모양을 낸 음료수, 라운지 의자가 전부는 아니다. 하와이는 국가적·지정학적·군사적 차원에서도 매우 중요한 군도다. 알래스카가 러시아로 가는 관문이듯, 하와이는 아시아·태평양으로 가는(미국의 입장에서-편집자) 관문이다. 이것이 하와이에 미군의 육해공군과 해병대, 해안 경비대를 아우르는 11개의 군사 기지가 있는 이유다. 다시 말해, 하와이는 막강한 화력을 보유하고 있다.

하와이에서의 어느 아름다운 날이었다. 한 중년 남자가 하와이 비상관리청(EMA) 문을 열고 들어왔다. 이 건물은 밖에서 보면 그닥 특별한 건 없다. 덤불로 뒤덮인 작은 언덕 중턱에 설치되어 있는 백색의 낮은 이중문이 정문이다. 그런데 이 문 뒤에서 무언가 흥미진진한 일이 일어나고 있다. 언덕 속으로 깊숙이 뻗어 있는 복도를 따라가다 보면 깜박이는 등, 센서, 손잡이, 핸들, 마이크로 뒤덮인 계기판과 스크린이 빼곡히 들어찬 방이 나타난다. 콜로라도 주의 노라드(NORAD; 북미항공우주방위사령부)를 들어 본 적 있는가? 이 시설은 말하자면 하와이의 노라드다. 미국이 이런 시설을 갖춘 데는 그만한 이유가 있다. 북한이 이런 곳을 파멸시키려고 미사일 발사와 핵무기 개발을 멈추고 있지 않아서다.

자, 2018년 1월 하와이의 그 아름답고도 평범한 날로 돌아가 보자. 그날은 이 이중문을 통과한 한 남자가 역사상 다시없을 대실수를 저지른 날이기도 하다. 주차장에서 남의 자동차를 긁고 연락처도 남기지 않은 채 가 버리거나 식당에서 먹고 음식값을 지불하지 않은 채 도망간 것과는 차원이 다른 실수였다. 그는 대륙간탄도미사일의 조기경보시스템 점검 훈련 도중 무언가에 정신을 팔다가 버튼을 잘못 누르고 말았다. 그 바람에 하와이 전체에 경보가 울렸고, 나아가 미국이 공격받아 즉각적인 응급조치가 필요하다는 경보가 전 세계에 전달되었다. 급기야는 모든 사람의 휴대폰에 긴급 재난 경보 문자가 날아들었다.

"다가오는 대륙간탄도미사일 위협. 이건 훈련이 아닙니다."

미국 전 국민에게 실로 두려운 순간이었다. 수년 전 냉전 당시 쿠바의 어느 서리 내린 날을 떠올린 사람도 많을 것이다. 당시 우리는 한 번의 잘못된 버튼이 일련의 나쁜 결정을 발동해 수많은 죽음으로 이어지게 함을 뼈저리게 느꼈다.

"이건 훈련이 아닙니다."

필시 각국 국방부가 서로 통화했을 것이다. 하와이 주민은 서로 전화를 주고받고 음식과 물을 챙겨서 터널로 향했다. 사람들은 다리 밑에 숨고 손으로 구멍을 팠으며, 서로 작별 인사를 주고받았다. 필시 미국 대통령도 백악관 아래 벙커로 들어갔을 것이다.

한바탕 소동이 벌어진 뒤, 그 모든 것이 한 사람의 큰 실수였다는 사실이 알려졌다. 온 세상이 일단은 가슴을 쓸어내렸고, 그러고 나서는 극도로 분노했다. 한 번 잘못 누른 버튼이 지구 전체를 큰 위험에 빠뜨렸다. 하마터면 끔찍한 결과가 찾아올 뻔했다. 그냥 넘어가기에는 너무나 큰 실수였다. 잘못된 버튼을 누른 그 남자는 해고되기 직전이었다. 모두가 해고에 동의하는 분위기였다. 언론과 비상관리청은 신변 보호를 위해 그의 이름을 밝히지 않았다. 하지만 나는 그가 누구인지를 알아내서 편지를 보냈다. 편지는 바로 영입 제안서였다(농담이 아니다).

왜 내가 엄청난 실수를 저지른 사람에게 영입 제안을 했을까? 역사에 길이 남을 뻔한 큰 실수를 저지른 사람을? 그가 실패했다고 해서 스스로를 실패자로 여기지 않기를 바랐기 때문이다. 그는 단지 무언가에 잠시 정신을 팔았을 뿐이다. 우리 모두 그럴 때가 있지 않은가.

너무 중요해서 다시 한번 말한다.

그는 실패했지만 실패자는 아니다.

우리도 정신을 팔 때가 있지만 그렇다고 실패자가 되지는 않는다. 이 사실을 잠시 곱씹어 보라. 실패해 본 적이 있는가? 당연히 있을 것이다. 하지만 그 실패는 하나의 사건일 뿐, 당신의 정체성은 아니다. 아무리 실패했다 해도 당신은 실패자가 아니다. 정신을 팔다가 실수를 저질렀다고 당신을 향한 하나님의 사랑이 조금이라도 줄어드는 건 절대 아니다. 실수는 우리에게 하나님이 절실히 필요하다는 사실을 일깨워 줄 따름이다.

이것을 믿는가? 믿을 수 있는가? 당신은 '실패한 시도'와 '사람 자체의 실패'의 차이점을 이해하는가? 이런 구분을 하느냐 안하느냐로 우리 삶과 우리가 관계를 맺는 사람의 삶이 완전히 달라진다.

왜 우리는 크고 작은 실수로 자신을 괴롭힐까? 왜 작은 실수를 빠짐없이 모아서 마음 깊은 기억 창고에 아주 오랫동안 보관할까? 당신이 여느 사람과 똑같다면 필시 성공보다는 실수를 훨씬 더 많이 기억할 것이다. 십중팔구 당신은 선생님이나 헤어진 연인, 상사, 전혀 낯선 사람에게 들었던 가혹한 말이나 비판을 계속해서 머릿속에서 곱씹을 것이다. 위대한 목적을 품고서 전진하려면 이런 해로운 기억을 다루며 실패한 시도를 극복해 낼 새로운 방법을 배워야 한다.

당신만 실패한 게 아니라는 사실을 알려 주고자 처절한 실패를 경험한 사람 몇 명을 소개하려 한다.

▽ 토머스 에디슨은 잘 작동하는 전구 하나를 성공적으로
  개발하기 위해 전구가 작동하지 않는 만 가지 방법을
  개발했다.

▽ 빌 게이츠의 첫 회사는 폴딱 망했다. 회사 이름은 '트래프 오

데이터'(Traf-O-Data)였다.

▽ 월트 디즈니는 창의성이 부족하다는 이유로 한 신문사에서 해고당했다. 첫 회사 '래프 오 그램'(Laugh-O-Gram)도 망했다.

▽ 밀턴 허쉬는 사탕 회사를 세 번이나 말아먹고 허쉬 초콜릿을 설립했다.

▽ 아인슈타인은 아홉 살까지 말이 어눌했다. 취리히 폴리테크닉학교에서는 그를 자기 학교 학생으로 받아들이지 않았다.

▽ 90년대 말 나이키 광고에서 마이클 조던은 이렇게 말했다. "나는 통산 9,000번 이상의 샷을 놓쳤다. 거의 300번의 경기에서 졌다. 26번의 결정골을 놓쳤다. 내 평생 수없이 실패했다. 이것이 내가 성공한 이유다."[1]

▽ J. K. 롤링은 7년에 걸쳐 《해리 포터》(Harry Potter) 시리즈를 쓰는 내내 가난하게 살았고, 그렇게 완성한 작품은 열두 군데 출판사에서 거절당했다.

물론 너무 거창한 사례라는 걸 잘 안다. 모든 사람이 밑바닥까지 떨어졌다가 꼭대기까지 오르지는 않는다. 모두가 거지에서 부자가 되거나 세계적인 기업을 일구지는 않는다. 하지만 내가 말하려는 요지는 똑같다. 당신이 무언가에 실패했다고 해서 스스로를 실패자로 여긴다면 중요한 일을 해낼 수 없다.

171

나도 개인적으로, 직업적으로 적잖이 실패했다. 내 비행기를 망가뜨렸고, 또 그로 인해 매우 중요한 관계를 망쳤다. 회사를 말아먹기도 했다. 가족에게 먹을 것만 제공할 뿐 가장 필요한, 바로 나 자신을 내주지 못한 채 수년 동안 가족을 방치했다. 워싱턴 DC에서 부동산 거래 때문에 무일푼으로 전락하기도 했다. 그곳 리더들을 조금이라도 화해시키려고 벌인 일인데, 결과적으로 막대한 돈을 날렸다.

우리 모두는 자신의 이야기가 성공 스토리가 되기를 바란다. 적어도 어느 정도는 성공했노라 말할 수 있기를 바란다. 우리의 수고가 열매 맺기를 바란다. 수년간 뼈를 깎는 노력 끝에 미식축구 경기장으로 달려 나가 대승을 거둔 루디처럼 성공하고 싶어 한다. 우리가 이처럼 지음받았음이 한편으로 다행이다.

하지만 도저히 회복할 수 없을 만큼 철저한 실패를 경험해 봤는가? 컴백은 꿈도 꿀 수 없는 지경에 처해 봤는가? 잿더미에서 다시 시작할 희망이 전혀 보이지 않았던 적이 있었는가?

어떤 실패는 돌이키기 힘들다. 하와이 미사일 소동이 그랬다. 인간은 이런 순간에 악당과 희생자를 찾는 경향이 있다. 충분히 이해한다. 나도 별다르지 않다. 큰 실수는 막대한 상처와 고통으로 이어진다.

하지만 이 사실을 잊지 말라. 하나님은 여전히 우리를 사랑하신다. 하나님은 탕자에게 버선발로 달려가시고 충성스러운 자들을 사랑하신다. 하나님의 마음이 이러해서 얼마나 감사한지 모른다. 자격 없는 자를 향한 그분의 사랑은 역시나 자격 없는 나를 향한 사랑을 기억하게 만든다. 하나님은 이런 사랑으로 우리를 사랑하셨으며 언제나 사랑하실 것이다. 자신에게 은혜가 필요한 순간이 와야 비로소 은혜가 공평하게 느껴진다.

아들 애덤이 갓난아기였을 때 우리는 작은 집에서 살았다. 그 집 위층을 침실로 리모델링하던 중 있었던 일이다. 2층에서 애덤을 품에 안고 있었는데 현관에서 문 두드리는 소리가 들렸다. 나는 계단을 내려가려 코너를 돌다가 그만 바닥에 놓인 '칠주의' 표시를 밟고 말았다. 그 바람에 미끄러졌고, 순간 몸이 하늘로 솟구쳤다가 마치 다이빙하는 백조처럼 계단을 향해 고꾸라졌다.

이 모든 일이 불과 0.5초 사이에 벌어졌다. 아이를 안은 채 아래층으로 고꾸라지던 순간, 본능적으로 팔을 뒤로 해 아이를 벽과 첫 번째 계단 사이에 놓았다. 그 순간에도 내 몸은 1층으로 향하고 있었다. 애덤을 안전한 곳에 두려고 두 팔을 뒤로했기 때문에 나는 마치 봅슬레이 선수처럼 열두 개 계단을 모두 머리로 받아 냈다. 계단 아래에 내려왔을 때는 온몸이 상처와 피투성이였다. 나는 바닥에 대자(大字)로 뻗어 눈을 감은 채 몸 구석구석에서 보내오는 고통의 신호에 신음소리를 냈다. 반면, 애덤은 상처 하나 없이 첫 번째 계단 위에서 그저 깔깔거리며 손뼉을 치고 있었다.

하나님이 지나가실 때 갈라진 바위 틈에서 모세를 보호하신 상황도 별다르지 않다. 십자가 위의 예수님을 생각할 때도 사랑 많으신 아버지께서 우리를 어떻게 보호하시는지 기억하게 된다. 예수님은 나처럼 바닥에 대자로 뻗지 않으셨다. 대신, 나무 십자가 위에서 두 팔을 벌리셨다. 예수님은 우리를 위해 나락까지 떨어지셨으며, 내내 우리를 멀찍이 안전한 곳에 두시고 우리가 당할 고통을 홀로 감당하셨다.

나는 변호사로서 많은 돈이 걸린 법률 사건을 맡아 수년간 애쓴 적이 있다. 마침내 그 사건을 잘 마무리하고 나서 가족과 함께 디즈니랜드에 가서 축하했다. 미키, 구피와 하이파이브 할 시간을 얼마나 손꼽아 기다렸는지 모른다.

한편, 나와 함께 이 사건을 맡았던 동료 변호사는 오랜 법정 투쟁의 뒤처리 중이었다. 하루는 그가 은행에 들러 고객에게 줄 수표를 받아 왔다. 그는 마지막 서류를 보내고 수임료를 받은 뒤 곧장 골프장으로 향했다. 그는 골프라면 사족을 못 쓴다. 그는 하나의 사건을 끝내고 다시 바삐 달리기 전에 몸과 마음을 충전하는 데는 골프만 한 게 없다면서, 수표를 뒷주머니에 넣은 채 골프채를 휘둘렀다.

잠시 뒤 9번 홀에 있을 때 휴대폰으로 은행에서 전화가 왔다. 그는 백스윙 중이었고, 전화는 음성사서함으로 넘어갔다. 12번 홀에서 또다시 전화가 왔지만 이번에는 퍼팅 중이어서 전화는 음성사서함으로 넘어갔다. 18번 홀에서도 전화가 왔지만 이번에는 공이 (또다시) 러프에 빠졌고 전화는 음성사서함으로 넘어갔다. 그때부터 2-3분 간격으로 계속 전화가 왔다. 결국 그는 통화 버튼을 눌렀다.

"뭡니까? 도대체 뭐예요? 얼마나 중요하기에 주말 오후 내내 저를 괴롭히는 겁니까? 월요일까지 기다릴 수 없나요?"

그는 상대방이 말할 틈도 주지 않고 쏘아붙였다. 그런데 알고 보니 전화를 건 사람은 무려 은행장이었다.

"저희가 드린 수표를 갖고 계신가요?"

"물론이죠. 제 지갑에 있습니다."

"한번 수표를 꺼내서 보실래요?"

수표는 100만 달러여야 했다. 물론 그것은 보통 큰 액수가 아니다. 그런데 놀랍게도 수표에는 10억 달러가 적혀 있었다. 그렇다. 10억 달러!

그는 떨리는 목소리로 물었다.

"제가…… 어떻게 하면 될까요?"

"일단 잘 갖고만 계십시오."

은행장은 내 동료에게 수표를 당장 은행에 돌려줄 방법을 알려 주었다(그가 은행에 돌아가기 전까지 헬리콥터와 드론이 내내 그를 감시하지 않았을까? 미안하게도 그가 그러는 동안 나만 디즈니랜드에서 신나게 즐기고 있었다).

하나님께 당신 삶의 값어치가 얼마나 된다고 생각하는가? 1달러? 100만 달러? 10억 달러? 하나님이 생각하시는 당신의 값을 측정하려면 0을 아무리 많이 붙여도 모자라다. 예수님은 우리에게 놀라운 약속을 하셨다. 우리가 아무리 엄청난 실수를 저지르고 주변에 정신이 팔려도 그분께 우리의 주가가 조금도 떨어지지 않는다고 말이다. 당신과 나는 여전히 더없이 소중한 존재다. 그분께 당신과 나는 영원만큼 중요하다. 우리 모두가 다 그렇다.

살다 보면 일이나 관계, 중요한 결정에서 잘못된 버튼을 누를 때가 있다. 물론 실패의 필연성을 인정한다고 해서 덜 고통스러워지는 건 아니다. 하지만 실패했다고 하나님의 사랑을 받을 자격이 상실된 것처럼 굴지 말라. 오히려 실패는 하나님의 사랑을 더 분명하게 알게 해 준다.

우리를 위한 예수님의 희생은 우리가 상상하는 그 어떤 실패도 다 용서받았음을 의미한다. 예수님은 우리를 위해 모든 실패를 손과 발로 묵묵히 받아 내셨다. 우리가 넘어지면 예수님은 상황을 수습하는 내내 우리를 안전하게 품어 주신다. 우리에게 이미 주어진 것을 깨달아야 한다. 예수님이 계셔서 우리는 실패해도 실패자가 되지 않는다. 실패는 오히려 우리가 그분께 속해 있음을 상기시킨다.

때로 못나 보여도
'진짜 나'로 서다

친구들과 나는 오크스 휴양센터에 있는 마구간으로 향했다. 새로운 모험을 내가 소중히 여기는 사람과 함께하고 싶은 마음에 친구들을 초대했다. 친구들에게 정말 멋진 경험을 선사하고 싶었다. 가면서 내가 이곳에서 가장 좋아하는 들판의 소들, 우리가 공들여 리모델링한 건물들, 미끄럼틀, 포도원 등을 보여 주었다. 마구간으로 차를 몰고 가는 동안 나는 마치 서커스를 완벽히 통제하는 P. T. 바넘인 양 행동했다. 물론 전혀 그렇지 않다는 걸 속으로는 너무나도 잘 알고 있었다. 사실, 말이라면 아는 바가 거의 없어서 말 위에 올라탄다는 생각에 속으로는 엄청 긴장하고 있었다.

나는 휴양센터를 설립하고 마구간에 말을 채우면서 나처럼 약한 노인네를 태우고 오솔길을 산책하려는 유순한 말과 훈련된 기수를 태우고 전광석화처럼 달리는 순종 말이 서로 천지 차이라는 점을 배웠다. 전자는 아이도 태울 만큼 온순한 반면, 후자는 코에서 연기를 뿜는 것이, 묵시록 출연 오디션을 보면 딱 어울리게 생겼다.

나는 세 친구와 함께 마구간에 도착하자마자 재빨리 상황을 파악했다. 마구간에는 유순한 말 세 마리와 순종 경주마 한 마리가 있었다. 처음 세 마리 말에는 이미 안장이 놓여 있었고, 나는 친구들을 말 앞으로 안내하고 나서 최대한 전문가처럼 보이려 노력하며 내 말에 얹을 안장을 집었다. 그리고 안장을 말 위에 얹고 말의 몸에 줄을 둘러 뭐든 보이는 곳에 대충 묶었다. 아무래도 말의 귀에 하나, 꼬리에 하나 묶은 것 같다. 하지만 친구들이 걱정하지 않도록 아무렇지 않은 척 최대한 침착하게 행동했다.

차례차례 친구들 모두가 말에 올라탔다. 하나같이 완벽한

봄날 오후처럼 차분하고 즐거워 보였다. 나는 심호흡을 한 뒤 안장 앞머리를 잡은 채 한쪽 다리를 경주마 위로 올렸다. 그때부터 모든 게 엉망진창이 되었다. 안장에 겨우 올라탄 순간, 말이 마구 날뛰기 시작하더니 내 머리가 하도 심하게 흔들려서 어디가 하늘이고 땅인지 분간조차 힘들었다. 오히려 말에서 뛰어내리는 게 목숨을 건질 확률이 더 높을 것 같았다.

내가 안장에 오래 머물수록 말은 더 길길이 날뛰고 코로 거칠게 숨을 내쉬었다. 황야의 카우보이처럼 보이겠다는 건 나만의 꿈이었을까. 발은 머리 위로 날아다니고 엉덩이는 안장에 마구 부딪히는 꼴이 참으로 볼썽사나웠다. 드디어 말이 이겼다. 녀석은 나를 내동댕이쳤다. 나는 머리 쪽으로 떨어졌다.

겨우 정신을 차려 보니 말 세 쌍이 내 쪽으로 걸어오는 게 아닌가. 내가 제대로 당했다는 걸 들키기 싫어 용수철처럼 튀어올라 일어서서는 껄껄 하고 웃어 댔다.

"괜찮아. 괜찮아."

나는 몸을 털면서 말했다.

"늘 있는 일이야. 매일 이래. 아침마다 기분 전환하는 거지. 어때? 괜찮았어?" 그렇게 말하면서 한편으로는 내 눈과 귀에서 피가 나지는 않나 신경 쓰였다.

괜찮다는 말은 다 거짓이었다. 사실 온몸이 엄청나게 아팠다. 뇌진탕 조짐도 있어 보였다. 어서 빨리 소염제를 바르고 붕대를 감은 뒤 병원에 가고 싶었다. 친구들도 거짓말임을 알았으리라. 아파서 찡그렸던 내 표정을 봤으니까 말이다.

어찌어찌 하루를 잘 보내긴 했지만 그날 밤 나는 스스로에게 물어야 했다.

'왜 내 심정을 솔직하게 드러내지 않았을까?'

친구들에게 "갑자기 내 이름이 생각나지 않네. 잠깐만 기다려 줘"라고 말했으면 좋았을 텐데……. 하지만 나는 진짜 모습 대신 가짜 모습을 꾸몄다. 내가 그렇게 한 게 전적으로 교만 때문만은 아니다. 당신도 항상 교만해서 거짓된 모습을 보이는 건 아닐 것이다. 내가 씩씩한 척한 이유는 단순했다. 모두가 즐거운 시간을 보내려고 왔는데 분위기를 깨고 싶지 않았다. 그래서 죽을 만큼 아프면서도 아프지 않은 척했다.

물론 내가 말에서 내동댕이쳐지고도 강한 척한 건 그리 대단한 사례는 아니다. 하지만 다른 문제는 어떠한가? 중독을 숨기는 친구가 있는가? 고등학교 다니는 당신의 자녀가 두려움을 솔직히 표현하는가, 아니면 남보다 못나게 보이기 싫어서 씩씩한 척하는가?

때로 인생은 거친 말을 타는 것과도 같다. 말에서 내동댕이쳐질 때 우리 모두 다른 사람이 내 이면의 고통을 보지 못하게 툭툭 털고 급히 일어서려고 한다. 하지만 사람들과 더 깊은 관계로 들어가려면 피상적인 모습이 아니라, 진정한 모습을 보여야만 한다.

진짜 모습에 관한 이야기 중이니까 '피노키오' 이야기를 꺼내지 않을 수 없다. 어릴 적 피노키오 만화영화를 보거나 이야기를 듣지 못한 사람이 있을지 몰라 간략히 소개해 보겠다. 피노키오는 제페토라는 목세공인이 작은 공방에서 만든 꼭두각시 나무 인형이다. 제페토 할아버지는 피노키오가 언젠가 진짜 소년이 되리라 희망한다. 그리고 요정이 피노키오에 생명을 불어넣은 덕분에 그 바람이 이루어진다.

하지만 피노키오는 살과 피로 이루어진 인간은 되지 못한다. 단순히 살아 움직이는 나무 장난감 차원에서 벗어나지 못할 따름이다. 걷고 생각하고 움직이지만 여전히 나무로 만들어져 있다. 나는 이게 남 이야기 같지가 않다. 우리 모두 진짜가 되고 싶어 한다. 그렇지 않은가? 우리에게 예수님이 있지만 우리를 진짜 모습으로 이끌어 줄 요정은 없다. 하지만 진짜가 되고 싶은 피노키오에게 요정이 알려 준 방법은 많은 진리를 함축한다. 진짜가 되는 것은 곧 "용감하고 진실하고 이타적이게" 되는 것이다. 나는 진짜가 되는 것에 관해 보다 더 광범위한 신학적 내용을 알지만, 그 신학에는 분명 이런 것들이 포함된다. 주변 사람에게 진짜가 되기 위해 이런 미덕을 품기로 결심하라.

피노키오는 도서관에 가서 인간 심리학 책을 읽을 수도 있었다. 인간 삶의 본질을 철학자에게 물을 수도 있었다. 커피숍에서 다른 인간과 앉아 인생에 관해 논할 수도 있었다. 하지만 이러한 행동은 그를 더 인간으로 만들지 못한다. 삶, 심지어 하나님에 관해서도 단순히 정보만 더 많이 수집해 봐야 진전이 있다는 착각만 들 뿐, 조금도 더 진짜가 되지 못한다. 정보를 완전히 무시하라는 뜻이 아니다. 다만, 정보만으로 우리가 가야 할 곳에 이를 수는 없음을 알아야 한다. 사실, 정보를 수집하고 분석하고 끝없이 계획을 수정하는 자체가 때로 방해 요소가 될 수 있다. 이것이 진짜 삶으로 가는 길을 더 늦출 수 있다.

더 인간다운 인간이 되려면 진짜가 되려는 용감한 작업을 시작해야 한다. 요정의 조언처럼 좀 더 용감하고 진실하고 이타적인 모습으로 변해 가기 시작하면 어떨까? 이런 미덕은 올바른 관계를 열어 주고, 그런 관계는 우리를 더 의미 있고 기쁨 충만하고 목적 가득한 삶으로 안내한다.

이 작업을 과소평가하기도, 과대평가하기도 쉽다. 무슨 말인지 설명하겠다. 더 진짜가 되는 것이 빙하를 건너는 일처럼 거창한 여행일 필요는 없다. 거리나 복도 건너편 이웃을 사랑하는 것처럼 간단하다. 한번 해 보라. 오늘 만난 한 사람에게 온전히 진정한 모습을 보이라. 그런 다음, 내일은 대화의 범위와 깊이를 두 배로 키우라. 난파선 다이버 같은 이들은 보물을 찾으려고 최대한 깊이 들어간다. 피상적인 대화 이면을 탐구하면 오래 지속하는 우정을 얻게 된다. 그럴 때 기쁨을 발견하고, 심지어 완전히 새로운 믿음을 발견하게 된다.

더 진짜가 되어 가는 길에서 몇몇 관계에 실패하더라도 낙심하지 말라. 실패에 방해받지 말라. 꼭 당신이 인간관계에 서툴러서는 아니다. 우리 모두가 그렇듯, 단지 인간관계를 배우는 과정일 따름이다. 단, 인간관계에 정말로 서투른 사람을 만날 가능성을 배제하지 말라. 누구에게서 배울지 신중하게 판단하라. 재미난 사실은, 관계에 서투르지만 스스로 관계의 달인이라고 착각하는 사람이 꽤 많다는 것이다. 주변에서 이런 사람들을 찾아내, 그들이 당신 삶에 미치는 영향력의 수준을 한두 단계 낮추라.

더 진짜가 되기 위한 또 다른 열쇠는 자기 삶에 관해 있는 그대로 솔직하게 말하는 것이다. 무슨 뜻인지 설명해 보겠다. 삶을 산만하게 흐트러뜨리는 방해 요소를 제거하고 관계 자본을 구축하려면 자신의 상황을 어떤 식으로든 꾸미지 말라. 그냥 있는 사실 그대로 말하라. 낚시 이야기를 할 때마다 잡은 물고기 크기가 점점 더 커질 필요는 없다. 성경을 펴서 아나니아와 삽비라의 최후를 읽어 보라.[1] 그들은 선하고 친절하고 후했지만 자신이 '얼마나' 후한지에 정직하지 못했다. 결과는 죽음이었다.

인생을 부풀려서 이야기하지 말라. 당신이 한 모든 말이나 행동이 일면 기사에 실려야 한다고 생각하지 말라. 친절하면서도 약간은 투박하게 말하라. 그러니까 사실을 눈에 보이는 그대로 말하라. 매번 한 단계 걸러서 말하지 말고, 때로는 속에 있는 그대로 말하라. 진짜 모습을 드러내면 당신만의 독특한 삶과 세계관을 좋아하는 사람들이 가까이 다가올 것이다. 그들은 실제로 존재하지 않는 허상이 아닌, '진짜 당신'과 '진짜 관계'를 맺고 싶어 한다.

삶을 산만하게 흐트러뜨리는 방해 요소를 없애고 싶다면 이타적인 사랑으로 행동하라. 관심이나 갈채를 받으려 생각하지 말고 순수한 마음으로 하라. 예수님은 제자들에게 영원히 지속되는 게 있다고 말씀하셨다. 인정이나 갈채를 바라지 말고 사람을 사랑하는 행위 자체를 보상으로 삼으라. 이타적인 친절의 행위가 숨쉬기만큼 자연스러워지게 만들라. 이타적인 행동을 당신의 트레이드마크로 삼으라. 아울러 진실함과 용기를 함께 갖추면 당신은 그 누구보다 '진짜 당신'이 될 것이다.

강력하고 영향력 있는 삶을 살고 싶다면 자신의 길을 가로막는 장애물을 가차 없이 제거해야 한다. 힘들고 때로는 혼란스럽기도 한 작업이다. 솔직히, 나는 이 작업이 너무 힘들어서 아예 손 놓았던 시절도 있었다. 나는 스스로에게 이런 질문을 던져 본 적 없는 사람을 많이 안다. 그들은 좋은 사람이고 꽤 성공한 듯 보이나, 그들의 삶은 하나도 재밌어 보이지 않는다(적어도 내 눈에는 그렇다). 그저 월급이나 비싼 자동차, 근사한 집만을 좇아 달려가는 듯하다. 그것만을 위해 주말이나 다음 휴가까지 이를 악물고 참는다. 삶의 목적 따위는 없고, 성공한 사람의 궤적을 그대로 따라가고만 있을 뿐이다. 혹은 먼저 살다 간 부모의 길을 그대로 따라간다. 기쁨에서 멀어지는 삶이 세대에서 세대로 이어지고 있다.

우리 모두 각자 받은 패로 시작해야 한다. 어떤 방해 요소는 우리 바깥에 있다. 길을 가로막는 이런 방해 요소를 다뤄야 한다. 그런가 하면 우리가 평생 믿었던 사람이 방해 요소가 된다. 혹은 우리가 자초한 경우도 있다. 내가 볼 때 이런 상황은 피상적인 관계에서 가장 자주 나타난다.

당신을 보호해 줄 것만 같은 가상 세계 구축에 얼마나 많은 에너지와 시간을 허비하는가? 모든 결과를 통제하려 하는가? 하나님이 인간 삶에 불어넣으신 막대한 불확실성을 모두 통제하려는가? 당신의 진짜 모습을 그럴듯하게 포장한 모습과 맞바꾸고 있는가?

혹시 파블로프의 개를 들어 보았는가? 그렇다면 조건반응에 관한 그의 연구를 기억할 것이다. 파블로프는 종을 울린 다음

개에게 먹이 주는 실험을 한 과학자다. 차츰 개는 종소리를 좋은 일, 곧 먹이와 연결하기 시작했다. 오래지 않아 개는 종이 울리면 침을 흘렸다. 내가 피자 냄새를 맡았을 때처럼 말이다.

충분한 경험이 쌓이면 우리는 특정한 상황을 특정한 결과와 연결한다. 불이 켜지거나 종이 울리면 좋은 일을 기대하게 된다. 비슷한 어떤 상황에서 나쁜 일이 반복되면 그 상황을 부정적인 결과와 연결한다. 예를 들어, 말에서 내동댕이쳐진 뒤에는 다시는 말을 타지 않겠다고 선언할 수 있다. 인간의 정신과 마음은 고통과 불편함을 줄이고 쾌락과 편안함을 추구하도록 지음받았다. 성경도 이 사실을 말하고 있다. 이 현실을 직시하라. 좋거나 나쁜 경험은 우리가 다음 상황을 어떻게 예측할지에 영향을 미친다.

과거에 몇 번의 안 좋은 일을 겪고 축하와 행복, 기쁨을 미루는 이들이 더러 있다. 해법은 간단하다. 먼저 우리가 무엇을, 왜 하는지 알아야 한다. 우리 행동과 조건반응 이면의 이유를 알지 못하면 우리가 원하는 의미 있는 변화와 진전을 이끌어 내기 힘들다. 물론 우리 안에 두려움이나 걱정, 스트레스 요인을 무시하고 그냥 그런 감정이 저절로 없어지기를 바라는 편이 쉽다. 하지만 그런 감정은 결코 저절로 없어지지 않는다. 때로 과거는 과거로만 머물지 않고 현재에까지 영향을 미친다.

그럴 때 그 상황을 과감히 직시하고, 조건반응을 더 새롭고 좋고 합리적이고 충성스럽고 집중된 반응으로 바꾸라. 비난을 공감으로, 죄책감을 연민으로, 분노를 균형 잡힌 시각과 은혜로 바꾸라. 하나님은 새로운 피조물이 될 용기 있는 모든 사람에게 그럴 힘을 주신다. 새로운 사람은 더 이상 과거에 끌려다니지 않는다.

자신에게 물으라.

'내 삶에서 더 이상 미루지 말아야 할 게 뭐가 있을까?'

지난번에 호되게 당한 뒤로 미루는 것이 있는가? 두려운가? 나도 때로는 그렇다. 해결책은 솔직해지는 것이다. 있는 그대로 인정하라. 그 일에 관해 자책하지 말고 새로운 시작의 계기로 삼으라. 낡은 시각을 더 좋은 새 반응으로 바꾸고, 더 진정한 모습으로 살려고 노력하라. 이 용감한 작업을 하면 과거에 나를 괴롭혔던 것이 더 이상 나를 통제하지 못한다.

예수님은 현재 상태를 맹목적으로 받아들이지 않는 분이었다. 그분의 삶 전체가 우리가 하나님과 상호작용하는 방식을 바꾸는 과정이었다. 이를 위해 그분은 진짜 인간이 되셔야 했다. 그분은 웃고 우셨으며 당시 사회 규범을 깨뜨리셨다. 그분은 주변 사람도 그렇게 하도록 초대하셨고, 지금 우리에게도 같은 초대를 하고 계신다. 종교와 사회적 지위, 돈에 관한 우리의 기존 관념과 틀을 버리라고 말씀하신다.

예수님은 문제의 원인을 다루셨다. 즉 사람들이 그분의 진짜 모습을 보지 못하게 막는 방해 요소를 계속해서 제거해 나가셨다. 그렇게 해서 그분을 본 사람들은 사랑과 더 깊은 목적을 발견했다. 그분은 우리에게 나무 장난감이 피와 살을 지닌 살아 있는 존재로 변화하는 법을 보여 주신다.

예수님은 우리도 똑같이 하라고 말씀하신다. 시류를 거스르라. 현재 상태를 유지해야 한다는 세상의 가정을 거부하라. 더 깊이 들어가는 편을 선택하라. 다른 사람들의 기대에 부응하는 삶을 그만두라. 필요하다면 약간의 소란을 일으키라. 꼭두각시에서 진짜 사람으로 변하겠다고 결심하라. 용감하게 줄을 끊고 주변 사람에게 진짜 모습으로 다가갈 때만이 비로소 진짜 목적을 발견하고 그 목적에 따라 살 수 있다.

파블로프의 개 실험은 우리에게 많은 것을 가르쳐 준다. 하지만 매번 비슷한 상황에서 불이 켜지거나 종이 울렸다고 해서 과거에 지배당할 필요는 없다. 물론 과거가 미래를 어느 정도 보여 주지만, 우리에게는 과거에 통제당하지 않을 힘이 충분히 있다. 결과는 미리 정해져 있지 않다. 늘 새로운 방식, 과거보다 더 좋은 방식을 찾을 수 있다는 기대감으로 살라. 물론 과거를 기억하고 과거에서 배워야 한다. 하지만 하나님이 주시는 새로운 모험과 은혜, 새로운 결과를 위한 작은 틈을 마련하라. 의도적으로 뜻밖의 삶을 추구해 보라.

안타깝게도 레닌그라드 포위 당시, 파블로프의 개들은 잡아먹혔다.[2] 필시 개들은 그런 일이 닥치는지 예상하지 못했을 것이다.

살다 보면 좋은 일도 생기고 나쁜 일도 닥칠 것이다. 이후 일어날 상황에 관한 고정관념으로 너무 성급하게 반응하지 말라. 그러면 하나님이 우리를 위해 몰래 준비하신 것을 볼 수 없다. 고개를 돌려 다른 결과의 가능성을 보라. 심지어 불가능해 보이는 결과를 기대하라. 과거 실수에서 배우되, 하나님이 행하실 일을 기대하며 다시 삶으로 뛰어들라.

당연한 '열린 문'이 닫혀
당황하고 낙심될 때

'하나님 사랑으로 아이들에게 다가간다'는 사명을 품고 고등학생들을 돕는 단체가 있다. 나는 그 조직이 하는 사역을 사랑한다. 이 단체는 아이들의 현재 수준을 따지지 않고 먼저 받아 준다. 나 역시 그들이 받아 준 아이 가운데 한 명이다.

이 단체의 리더 한 명이 내 삶에 막대한 영향을 끼쳤다. 고등학교 시절 그 리더를 만났는데, 그는 내가 아웃사이더라는 사실을 알아챘다. 당시 나는 학교를 그만두고 직장에 들어갈까 고민하고 있었는데, 하루는 답답한 마음에 리더 집 앞까지 찾아갔다. 그날 그는 아무런 계획도 준비도 없이 나와 여행을 떠나 주었다. 그것도 갓 결혼한 아내를 두고. 이렇게 할 수 있는 사람이 몇이나 될까?(내가 방황하는 10대 청소년이었음을 그의 아내에게 사과해야 할지도 모르겠다. 하지만 그녀도 그에게 들어 나를 이미 알고 있었다)

이 리더 덕분에 내 삶은 완전히 바뀌었다. 나는 결국 고등학교 학업을 마쳤고 대학교에도 들어갔다. 대학교에서 같은 단체의 리더가 되었고, 방황하는 또 다른 아이들에게 하나님의 사랑을 품고 다가갔다. 예전에 누군가가 내게 해 주었던 것처럼.

대학을 졸업한 뒤 나는 이 단체의 중앙본부 간사로 일하고 싶었다. 단순한 자원봉사자 이상이 되고 싶었다. 그래서 친구들과 가족에게 기부를 요청하고 스스로 봉급을 조달했다. 이 단체에서는 단 한 푼도 받지 않을 생각이었다. '이 단체 입장에서는 내가 넝쿨째 굴러든 호박이지 않을까' 하고 내심 우쭐했다. 나는 사명을 향한 열정이 가득했다. 아이들을 가로막는 장애물도 누구보다 잘 해결할 자신이 있었다. 그런데…… 지원했다가 단칼에 거절당했다.

'잠깐, 뭐라고?'

분노하지는 않았다. 단지 좀 당황했고 상처를 좀 받았다. 돕겠다고 찾아갔는데 "아, 됐어요!"라는 말을 들으면 기분이 좋을 리 없다. 심지어 무보수로 헌신하겠다는데 이 단체로서는 손해 볼 게 없다. 하물며 나 말고는 다른 지원자도 없었다. 그런데 왜?

하지만 납득할 만한 설명은 듣지 못했다. 내가 누가 지시한 대로 잘 따르는 스타일이 아님을 지금은 잘 안다. 당시 나를 거절한 이유도 아마 그런 모습에 대한 판단이 작용하지 않았을까 싶다. 내가 그때 그 단체에 들어갔다면 서로 좋지 않았을지도 모른다. 하지만 당시에는 내 이런 면을 스스로 파악하지 못했고, 마냥 부당한 거부처럼 느껴졌다.

당신이라면 이런 좌절에 어떻게 반응하겠는가? 삐치고 불평하겠는가? 볼멘소리를 터뜨리겠는가? 당신을 방해한 하나님 혹은 어둠의 세력을 탓하겠는가? 혹은 인생의 새로운 길을 찾고 새로운 기술을 배울 기회로 볼 텐가? 물론 나는 이해하기 힘든 거부가 우리의 자신감을 떨어뜨린다는 걸 누구보다 잘 안다. 하지만 나는 이 거부를 내 인생의 결정적인 사건으로 받아들이지 않았다. 당신도 실패로 자신을 정의하지 않기를 바란다.

많은 사람이 실망스러운 사건이 삶의 방해 요소로 변하도록 방치한다. 그런 함정에 빠지지 말라. 인생이 불공평하다는 생각을 버리고, 실패를 배움의 기회로 삼으며, 실망스러운 상황에서 끈기와 결단력을 키우라. 고대하던 직장에 들어가지 못했는가? 바라던 관계를 얻지 못했는가? 다 잡았다고 생각했던 기회를 눈앞에서 놓쳤는가? 실패를 만났을 때 원망만 하기보다는 부지런히 새로운 방향으로 나아가라. 놓친 커브볼에 연연하지 말고 다시 경기에 몰두하라. 다음번 공은 중앙으로 날아올 것이다. 방망이를 힘껏 휘두를 준비를 하라.

나는 그 단체에 취직하지 못해서 대신 법학대학원에 가기로 결심했다. 나는 야심만만하고 긍정적이었다. 실망하며 주저앉아만 있을 생각은 추호도 없었다. 최소한 열두 군데 법학대학원에 지원했던 것 같다. 그중 몇 곳에 합격했는지 알고 싶은가?

0. 제로.

결국 나는 한 법학대학원에서 청강을 한 뒤 어찌어찌해서 내게 모험을 걸어 봐 주십사 학교 측을 설득하는 데 성공했다. 3년 뒤 무사히 졸업한 나는 몇몇 주에서 변호사 시험에 합격했다. 머리를 싸매고 밤낮없이 공부한 끝에 샌디에이고의 한 중소규모 법률 회사에 들어갔다. 그리고 나중에는 그 회사를 나와서 법률 회사를 차렸다.

내가 설립한 법률 회사는 몇 년간 승승장구했다. 곧 여러 변호사와 직원을 갖춘 탄탄한 회사로 자리잡고 여러 주에 지부를 열었다. 모든 상황이 나날이 좋아졌다. 우리는 비영리 단체 고객을 주로 상대했는데, 어느 날 이런 생각이 떠올랐다.

'고등학교 시절 나를 도와주었던 그 단체에 무료 법률 서비스를 제공하면 어떨까?'

그 단체에는 자산과 기부자, 직원이 많아서 법적 논쟁과 문서 작업이 끊이지 않았다. 내 마음속에 특별한 자리를 차지하는 단체를 돕는다고 생각하니 기분이 그렇게 좋을 수 없었다. 오래전에는 내가 그 조직에 적합하지 않았을지 모르지만 지금은 내가 나름대로 노련한 변호사이니 그 단체에 금전적으로 큰 도움이 되리라 확신했다. 게다가 '무료' 아닌가? 그 단체 입장에서는 손해 볼 일이 조금도 없었다. 나는 큰절을 받으리라 확신하고서 전화를 걸었다. 결과는 어땠을까?

거절.

'잠깐, 도대체 왜?'

이번에도 아무 설명을 듣지 못했다. 아마도 정말 뛰어난 변호인단을 이미 갖추고 있어서일 것이다. 그래도 내가 제안한 무료 서비스가 더 나을 거라고 생각하지만, 연연할 필요는 없다. 당신도 마찬가지다. 다른 사람이 당신의 제안을 받아들이지 않는다고 화를 내고 찾아가서 따져 봐야 당신이 나아갈 길에 방해만 될 뿐이다. 매번 인정받으려고만 하지 말고 상황을 있는 그대로 받아들이는 편이 언제나 더 좋은 결과로 이어진다.

아마 당신도 이와 비슷한 상황을 여러 번 겪었을 것이다. 괜찮다고 스스로를 속이자는 말은 아니고, 실망스러운 결과를 오히려 좋은 기회로 본다면 삶이 어떻게 달라질까? 그런 시각을 품어야 하나님이 당신에게 행하시는 일을 '정확히' 알게 된다. 그분은 결코 의아한 표정을 지으시는 법이 없다. 실망스러운 일은 하나님의 방향 재설정인 경우가 많다. 하지만 때로 가던 길이 끊길 때 우리가 원하는 곳으로 가려면 열심히 새로운 길을 만들어야 한다.

실망스러운 일은 우리를 희생자로 전락시키지 않는다. 오히려 참여자라는 사실을 증명한다. 소명은 성공이나 직함, 인정이 아니라 참여다. 우리는 원치 않는 결과 앞에서도 멈추지 않고 용기를 내어 다시 발자국 뗄 힘을 지니고 있다. 이 점을 그냥 머리로만 이해하고 넘어가지 말라. 실제로 이렇게 살라. 우리가 갈망하는 인정과 칭찬은 궁극적으로 하나님에게서만 온다는 사실을 알기에 언제든지 원하면 방향을 틀 수 있다. 그리고 절대 반박할 수 없는 놀라운 사실은, 하나님이 이미 우리를 인정하신다는 사실이다.

나는 그 단체의 간사나 변호사는 될 수 없었다. 그래서 친구이자 좋은 이웃이 되기로 선택했다. 나의 다른 책을 읽어 본 사람이라면 캐나다에서 이 단체가 소유한 캠프장 바로 옆에 지은 우리 가족의 오두막집을 알 것이다. 그 이유가 무엇인지 아는가? 오래전 나는 이 단체의 리더였던 특별한 여인을 만났다. 그녀를 보자마자 한눈에 반했고 덕분에 내 인생의 방향이 송두리째 바뀌었다(그녀의 이름은 바로 스위트 마리아다. 현재 내 아내다). 그 캠프장과 우리 가족 오두막집은 수만 평에 달하는 아름다운 삼나무 처녀림에 둘러싸여 있다. 벌목회사들이 많은 돈이 되는 이 나무에 눈독을 들였다. 수년 동안 벌목회사가 주변 땅을 사려고 로비를 벌여 왔지만 나는 오랫동안 탐험가들의 로망이어야 할 땅이 민둥산으로 변하는 꼴을 절대 볼 수 없었다.

나는 큰 소송에서 승소할 때마다 수임료 일부를 떼어 그 캠프 주변 숲을 한 번에 10만 평씩 사들였다. 20년 동안 그런 식으로 숲 상당 부분을 보호했고, 나중에는 땅의 많은 부분을 나를 수없이 거절했던 그 단체에 기부했다. 이제 아무도 이 특별한 땅을 망치지 못한다.

이 단체가 오래전에 나를 간사로 고용했거나 고문 변호사로 영입했다면 과연 내가 이 일을 할 수 있었을까? 결과적으로 내가 직원보다 이웃으로 있는 편이 서로에게 훨씬 이익이다. 내가 옳다고 생각했던 길에 계속해서 걸림돌이 나타난 과정을 돌이켜 보면 하나님은 이렇게 될 줄 아셨던 게 분명하다. 걸림돌이라 생각했던 실망스러운 사건은 사실 훨씬 더 좋은 길로의 인도하심이었다.

그러니 부디 당신 뜻대로 풀리지 않아도 낙심하거나 불평하지 말고 창의력을 발휘하라. 상상력과 기쁨, 비전, 노력으로 실망스러운 일을 헤쳐 나가라. 아름다운 뜻을 품으면 결국 나중에 좋은 길이 열릴 것이다.

이게 바로 내가 하고 싶은 말이다. 일이 지체될 때 그 사실에 방해받지 말라. 오히려 받아들이고 기대감을 품고 즐기라. 일자리를 잃었는가? 당연히 스트레스가 생긴다. 하지만 다음 일자리를 구하기까지 지금까지 미뤄 둔 휴가를 보내는 시간으로 바꾼다면? 실직 기간이 즐거운 시간으로 바뀔 것이다. 물론 안다. 말처럼 그리 쉬운 일이 아니라는 것을. 하지만 목적과 기쁨이 주는 힘을 아는 사람은 반드시 그렇게 한다. 모든 일이 자신 뜻대로 풀려야 한다는 생각을 버리고, 불확실한 모험을 즐길 줄 안다.

어릴 적 내 인생에서 극도의 믿음을 발휘해야 했던 영역은 바로 연애였다. 나는 연애에서 흔히 말하는 '늦깎이'였다. 내게 어울리는 표현인지는 잘 모르겠다. 내 연애 솜씨는 지독히 고약했다.

중학교 시절 연애하고 싶은 마음이 간절했다. 하지만 어떤 여자애도 나를 거들떠보지 않았다. 고등학교에 들어가서는 희망의 수위를 높였다. 하지만 고등학교에서도 연애다운 연애는 없었다. 하지만 대학이 남아 있지 않은가? 그러나 안타깝게도 여자 손 한번 잡아 보지 못했다. 그러다 법학대학원 2학년 때 지금의 아내, 스위트 마리아를 만났다. 그녀를 보자마자 한눈에 반했다.

아내는 내가 몇 번이나 문전박대당한 그 단체에서 리더 역할을 맡은 사람 중 하나였다. 그래서 나와 공통점이 많다고 생각했다. 내가 여드름이 나기 전부터 기다려 온 짝이 바로 그녀라고 뼛속 깊이 확신했다. 그녀와 몇 번 어울린 뒤 데이트를 신청했다.

모든 여자애들은 어디선가 거절 훈련을 받는 게 틀림없다. 스위트 마리아는 내 데이트 신청을 거절했다. 단, 그녀는 기분 나쁘게 거절하지는 않았고 대신 친구로 남았다. 그런데 나는 스위트 마리아를 향한 사랑을 멈출 수 없었다. 도저히 포기할 수 없었다. 그래서 어떻게든 그녀 주위를 맴돌 기회를 노렸다. 그녀를 얻는 게 당시 내 최대 목표였다. 나는 지금까지의 연애 실패라는 방해 요소에 정신을 팔지 않고 오직 그 목표만을 추구했다.

한번은 스위트 마리아가 주말 수련회 캠프에 자원한 열 명의 여고생을 이끈다는 소식을 들었다. 나는 그 기회를 즉시 놓치지 않았고, 캠프에 참여할 열 명의 남자 고등학생을 모았다(그렇게 스토커처럼 보이지 않고 그녀 곁에 머무를 이유를 만들었다).

그런데 수련회 첫날 밤, 한 할머니의 인공심박조율기 동작이 멈추는 사건이 발생했다. 끝내 할머니는 숨이 멎으신 듯했다. 참으로 급박한 상황이었다. 마침 나는 심폐소생술을 할 줄 알았기에 구급차가 도착하기 전까지 한 30분간을 할머니 가슴을 펌프질하고 인공호흡을 했다. 감사하게도 심폐소생술이 통했고, 정신을 잃으셨던 할머니는 눈을 뜨셨다.

나사로 부활만큼의 사건은 아니었지만 분명 스위트 마리아의 관심을 얻기에 충분했다. 그녀는 속으로 틀림없이 이렇게 생각했을 것이다.

'저 남자가 볼품은 없지만 조금은 쓸모가 있을지 모르겠어.'

스포일러 경고! 나는 끈덕지게 구애한 끝에 결국 그녀와 첫 키스를 나누었다.

결혼 34년 차, 자녀 셋을 둔 우리는 그 캠프장이 매물로 나왔다는 사실을 알게 되었다. 그곳에 가 본 지 거의 40년 지났는데, 그동안 한 번도 리모델링을 하지 않았다. 시설 가장자리가 살짝 해진 정도가 아니었다. 일부 시설은 300명의 사춘기 소년이 한 번도 씻지 않고 몇십 년 산 것처럼 지독한 악취가 났다.

우리는 몇몇 친구들과 함께 그 캠프장을 사서 다람쥐들을 쫓아내고, 방 벽을 뜯어내 호텔 룸처럼 개조했다. 합판 2층 침대를 퀸 사이즈 침대로 바꾸고, 가죽 가구를 배치하고, 빈 벽마다 유화를 걸었다. 정말이지 최고급 휴양 시설로 탈바꿈했다. 우리는 이곳이 문을 열면 정말 많은 사람이 찾아와 심신을 회복하게 되리라 기대했다. 사람들이 삶의 방해 요소에서 벗어나 이곳에서 다시 기쁨을 찾기를 바랐다.

우리는 개장일을 정했고, 나는 풍선을 불기 시작했다. 풍선 불기는 기분이 날아갈 듯 좋은데 뭘 해야 좋을지 모를 때 하는 일이다.

"정말 만족하실 겁니다!"

나는 만나는 사람마다 붙잡고 말했다. 우리 모두 기대감으로 가슴이 부풀어 올랐다. 그런데 이 오크스 휴양센터가 문을 열기 한 달 전, 코로나19 팬데믹이 터지고, 이어서 사회적 거리두기 조치가 시작되었다. 큰 비전과 원대한 계획은 증발하고 남부 캘리포니아 25만 평 부지에 텅빈 1,500평 건물들만 남았다. 비싼 시설을 그냥 놀리게 되었다. 휴양 시설에 사람은 없고 잡초만 무성했다. 우리는 매달 엄청난 금전적 손실을 봤다. 그 휴양센터에 첫 숙박객을 받기까지 거의 2년이 걸렸다.

물론 당신에게 이 정도로 큰일은 일어나지 않았을지 모른다. 하지만 이런 일은 우리 모두에게 각기 다른 방식과 모습으로 찾아온다. 순간 멋진 아이디어가 떠올라 그 아이디어로 세상을 깜짝 놀라게 하겠다는 포부로 부풀어 오른다. 모든 일이 잘 풀릴 것만 같다. 하지만 뚜껑을 열어 보니 가시밭길이다. 무슨 말인지 알겠는가? 우리네 인생이 대개 이와 같다.

따라서 우리는 이런 실패를 다룰 전략을 미리 알아야 한다. 그렇지 않으면 일시적인 실패에 너무 크게 방해받아, 다음번 문에서 기다리는 놀라운 기회를 놓치게 된다. 살다 보면 실패할 수밖에 없다. 이런 필연적인 실패가 찾아올 때 하나님께 불평하고 싶은 유혹을 억누르라. 대신, 당신에게 이미 있는 것과 가까이에 있는 것을 자세히 살펴보라.

오크스 휴양센터 바로 옆에는 드넓은 들판과 아름다운 계곡이 자리했다. 한때 그곳은 유명한 경마장과 경주마 조련센터의 일부였다. 거기서 켄터키 더비 우승마를 두 마리나 배출했다. 이곳에는 버려진 마구간, 잡초가 무성한 경마 트랙, 10만 평의 목초지가 있었다.

우리는 뜻대로 되지 않는 휴양센터만 바라보지 않고 열심히 새로운 계획을 세웠다. 그 승마센터 부지를 사서 휴양센터 부지와 병합하고 말 조련사 에프림을 고용한 것이다. 에프림은 말은 물론이거니와 사람 대하는 방법도 누구보다 잘 아는 능력자였다. 현재 전 세계에서 그의 조련을 받으려고 자신들의 말을 보내오고 있다. 우리는 계획이 암초를 만났을 때 꿈을 버리지 않고 이미 있었던 근처로 눈을 돌렸다.

승마센터를 열기 전 말에 대한 내 유일한 경험은 다섯 살 때 구멍가게 앞에서 타 본 말이 전부였다. 그 말은 동전 한 닢을 넣으면 몇 분간 앞뒤로 흔들거리는 플라스틱 말이었다. 진짜 말은 타 본 적이 없었다. 심지어 진짜 말에게 먹이를 줘 본 적도 없었다. 말이 도착하기 시작했을 때 나는 건초를 어느 쪽으로 줘야 할지도 몰랐다. 하지만 결국은 알아냈다. 당신도 전진하려면 알아야 할 것을 결국 알아낼 것이다.

텅 빈 휴양센터를 유지하느라 재정 손실이 생겼지만 말 조련으로 많은 돈을 벌었다. 모든 상황이 다른 방향을 가리켜도 우리는 두려움이나 부정적인 생각에 방해받지 않았다. 실패한 멋진 비전을 실행 가능한 또 다른 비전으로 전환하려고 허락이 떨어질 때까지 기다리지 않았다. 재빨리 다음 문을 두드렸다. 당신도 그러기를 바란다. 멋진 아이디어가 실패해도 포기하지 않으면 그 실패는 새로운 기회와 더 큰 비전의 밑거름이 될 수 있다.

승마센터를 운영하기 시작하자 한 여성이 전화를 걸어 우리에게 기부할 경주마 한 마리가 있다고 말했다.

"아이고, 감사합니다. 마침 마구간도 있습니다."

나는 말에 대해서 지적인 질문을 할 수준이 못 되었다. 그래서 어색한 침묵을 깨고자 그 말이 어떤 색깔이냐고 물었다. 다음날 그 여성은 말을 놓고 갔는데, 검정 꼬리가 있는 갈색 말이었다. 여기까지가 내가 그 말에 관해서 아는 전부였다.

같은 해, 누군가가 우리 센터에 와서 말 몇 마리가 교배할 때가 되었다고 말해 주었다. 그때 우리는 그 여성에게서 받은 말의 혈통을 함께 조사했는데, 결과는 놀라웠다. 알고 보니 그 말은 트리플 크라운을 달성한 전설의 명마 세크리테리엇의 고조손녀였다. 농담이 아니다. 우리는 여성에게 전화를 걸어 일전에 준 경주마가 말 중에서도 왕족 계열이라는 걸 알았냐고 물었다. 여성은 잠시 말을 멈추었다가 이내 입을 열었다.

"네, 그냥 선생님을 깜짝 놀라게 해 드리고 싶었어요."

나는 속으로 '그렇다면 완전 성공입니다'라며 쾌재를 불렀다.

지금 하늘이 당신을 놀라게 해 줄 기회를 엿보고 있다면? 당신을 향한 하나님의 계획이, 당신 계획에도 없는 일의 연속이라면? 무엇을 할지 다 안다면 믿음이 전혀 필요치 않을 것이다. 하나님이 예상치 못한 상황을 펼치실 때 놀라 정신을 놓지 않는 연습을 하라.

우리 모두는 무언가를 시도한다. 그 시도 가운데 몇몇은 성공했지만, 적잖이 실패도 했다. 이번 장에서 내가 나눈 뜻밖의 모험 이야기를 돌아보라. 당연한 말을 하자면, 당신은 원하는 직장을 얻기도 하고 거절당하기도 할 것이다. 관계도 마찬가지다. 나처럼 연애에 서투른가? 아니, 두 배는 더 서투른가? 당신에게 일어나는 모든 일이 선악 사이의 우주적 전투라고 착각하지 말라. 저자 G. K. 체스터턴은 이런 유명한 말을 남겼다.

"우상숭배는 단순히 거짓 신을 만드는 것이 아니다. 거짓 마귀를 만드는 것도 우상숭배다."[1]

하나님은 세상만사를 다스리시지만, 그렇다고 해서 우리가 우리 삶에서 일어나는 모든 결과를 쥐락펴락할 수 있다는 착각일랑 버려야 한다. 예기치 못한 일에 방해받기보다는 책임져야 할 부분을 책임지고 행동할 수 있는 부분에 행동하는 데 집중하라. 실패는 우리 삶에서 편집해 버려야 할 장면이 아니라, 가장 많이 배우는 훈련의 장이다.

일전에 이런 격언을 들은 적이 있다.

"경험은 그것이 필요한 직후에 얻게 되는 것이다."[2]

공감 가는 말이다. 우리는 삶의 모든 상황을 통제하지 못한다. 하지만 하나님이 우리의 앞뒤뿐 아니라 옆에서도 함께 계신다는 믿음으로 꾸준히 도전하면 상황에 영향을 미칠 수 있다. 그러려면 우리가 동원할 수 있는 모든 집중력과 인내, 결단력, 지혜를 동원해야 한다. 뜻밖의 결과에서 경험과 지혜를 얻을 기회를 놓치지 말라. 나를 믿고 새로운 시도를 해 보라.

당신도 나와 같다면, 때로는 인생이 이해할 수 없는 거절의 연속처럼 느껴지는 순간이 있을 것이다. 하지만 이런 상황을 당신 가까이에 있는 기회로 붙잡으라. 이유는 두 가지다. 하나님이 당신 편이고, 당신은 잘 해낼 것이기 때문이다.

눈앞에 날뛰는 것들을
뒤쫓느라 숨찰 때

우리에게 필요한 모든 것은 생각보다 훨씬 더 가까이에 있다.

내 친구 한 명이 문을 닫은 우리 휴양센터 이야기를 듣고서 〈우리는 동물원을 샀다〉(We Bought a Zoo)라는 영화를 소개해 주었다. 혹시 보지 못했다면 꼭 보라. 진작 보지 않은 걸 후회할 것이다. 그 영화에는 최근 아내와 사별한 아버지가 혼란과 비탄에 빠진 아들에게 삶을 이야기하는 장면이 나온다. 아버지는 걱정과 애정을 담은 목소리로 말한다.

"20초간의 무지막지한 용기란다. 단 20초의 용기만 있으면 뭐든 바꿀 수 있어."[1]

동감한다.

당신에게 묻고 싶다. 당신에게 20초간의 무지막지한 용기는 어떤 모습일까? 20초의 용기가 당신 삶에 무엇을 만들어 낼까?

오크스 휴양센터에서 그리 멀지 않은 곳에 드넓은 목장을 소유한 부자가 살고 있었다. 그곳에서 경주마들을 키우던 그는 목장을 팔아야겠다고 결심하고는, 비싼 말들을 사 줄 부자를 찾고 있었다. 어느 날 나는 중고 퇴비 살포기나 살까 해서 그 목장에 들렀다.

목장에 있는 경주마는 한 마리만 빼고 다 팔린 상태였다. 그 말은 내 시선을 사로잡았다. 엄청 컸기 때문이다. 그야말로 햇빛을 가릴 만큼 컸다. 그 말에 비하면 다른 말은 미니 푸들처럼 보일 지경이었다. 그 말을 데려오면 캔자스 주에 있는 세계에서 가장 큰 실타래나 사우스다코타 주에 있는 옥수수 궁전처럼 길가에 푯말을 세울 수 있겠다고 확신했다.

말의 크기는 보통 손(hands)으로 재는데, 표준 측정 도구가 없던 시절부터 해 오던 방식이다. 오늘날, 손은 4인치(10.16센티미터)로 표준화되었다. 크기는 땅에서 말의 목 아래까지를 잰다.

이 말은 17손이나 되었다. 발굽에서 머리까지 전체를 재면 무려 2.5미터가량이다. 하여간 크기는 엄청나게 컸다.

주인은 내게 이 비싼 경주마를 살 생각이 있냐고 물었다. 나는 웃으면서 달랑 1달러짜리 지폐 한 장 들어 있는 지갑을 꺼내 보였다. 그런데 그가 갑자기 "팔겠소!" 하면서 계약을 마무리하자는 제스처로 내게 오른손을 내미는 게 아닌가.

"진심인가요?" 나는 놀라서 침을 꿀꺽 삼켰다.

"그렇소. 이제 이놈은 당신의 말입니다."

그가 그 말을 그토록 헐값에 넘긴 건 한쪽 다리의 힘줄이 손상되어서다. 주인은 말의 선수 시절이 이제 끝났다고 판단했다.

거래를 마치고 말을 어떻게 양도할지 방법을 정하고 나자, 한 가지 문제를 간과했음을 깨달았다. 말 운반용 트레일러는 보통 말의 크기에 맞게 제작하는데, 이 말은 거의 기린만큼이나 커서 이 말을 옮길 만한 트레일러가 없었던 것이다. 결국 한참 끙끙 대며 밀어 넣은 끝에 녀석을 트레일러에 억지로 집어넣고 오크스로 데려왔다. 나는 이 새로운 말을 "레드"(Red)라고 이름 지었다. 실제로 붉은 색이기도 했거니와, "거대한 1달러짜리 말"은 너무 밋밋한 데다 새 차에 가격표를 붙이고 다니는 것처럼 느껴져서 별로였다.

나는 레드에게 안장을 얹기 전, 줄을 묶어 산책에 나섰다. 근처 목초지를 걷는데 녀석이 갑자기 뭐에 놀랐는지 뒷발을 딛고 몸을 높이 들어 올리는 게 아닌가. 어찌나 무시무시하던지, 나는 녀석 아래에 잔뜩 움츠리며 서 있을 뿐이었다. 내 다양한 인생 경험에 '거대한 말에 짓밟혀 만신창이가 됨'을 추가하는 건 아닌지 모르겠다고 생각하던 차에, 녀석이 발을 마구 흔들어 대기 시작했다. 이윽고 이내 앞발을 내리더니(다행히 내 위로 내리지는 않았다), 내가 들고 있던 줄을 끊고 10만 평의 목초지를 전광석화처럼 내달리기 시작했다. 나는 무엇을 어떻게 해야 할지 몰라 일단 말을 냅다 쫓아갔다.

오래지 않아 나는 숨을 거칠게 몰아쉬며, 이 추적이 바보짓임을 깨달았다. 그러니까 나는 전문 경주마는커녕 동물원 조랑말도 쫓아갈 수 없다. 나는 멈춰 서서 미친 듯이 헐떡이며 생각했다.

'내가 지금 뭘 하는 거지?'

나는 목초지에서 말을 따라 뛰는 짓을 멈추고 마구간으로 돌아가 당근 몇 개를 챙겼다. 녀석을 위해서가 아니라 나를 위해서. 15분 뒤 레드는 아무 일도 없었다는 듯 마구간으로 터벅터벅 돌아왔다.

내가 이 이야기를 하는 이유는 이 작은 소동에서 방해받지 않는 삶에 관한 중요한 교훈 하나를 얻었기 때문이다. 때로 우리는 말을 그만 뒤쫓고 마구간으로 돌아가야 한다.

당신은 무엇을 뒤쫓아서 여기까지 왔는가? 인정? 인기? 관계? 꿈의 직장이나 커리어? 무얼 뒤쫓아서 인생의 들판을 내달려 왔는가? 절대 잡지 못할 것들을 그만 쫓아다니고, 인생의 기본으로 돌아가는 건 어떨까? 신앙, 가족, 목적, 기쁨, 진정한 삶으로……

잡을 수 없거나 잡을 가치가 없는 것을 그만 포기하고 마구간으로 돌아가라. 마구간으로 돌아간다는 건 꿈이 없다는 뜻이 아니다. 자신에게 중요한 것을 포기한다는 뜻도 아니다. 단지 하나님이 자신에게 주신 목적에 더 큰 확신을 품어야 한다는 말이다. 피곤한 삶에 브레이크를 밟고 정신을 차린 뒤 기본으로 돌아가면 무엇이 가능해질지 상상해 보라. 기본으로 돌아가면 대개 그곳에는 이미 좋은 것들이 있다.

성경에는 바울이 유대인 그리스도인들에게 쓴 편지가 있다(히브리서 기자가 누구인지 성경에 직접 나와 있지는 않으나, 바울일 거라는 해석이 가장 유력하다-편집자). 그 편지에서 바울은 그들이 "구름 같이 둘러싼 허다한 증인"에 둘러싸여 있다는 사실을 상기시킨다.[2] 실로 멋진 표현이 아닐 수 없다. 바울은 그들의 발목을 잡거나 넘어뜨리거나 지치게 만드는 것들을 다 내려놓고, 오직 하나님이 마련하신 것에 시선을 고정하라고 말했다. 그 구절을 보면 바울은 하나님이 다른 누군가의 삶에 행하고 계신 역사를 보며 자신의 상황과 비교하지 말라고 한다. 바울은 말을 뒤쫓는 숨찬 일상을 멈추고 마구간으로 돌아가라고 말한다. 당신을 위한 마구간은 방해 요소가 없고 안전한 사람에 둘러싸여 있다. 그곳에서 진정으로 중요한 것들을 다시 볼 수 있다.

나는 나의 새 말이 마구간으로 돌아갈 줄 알았다. 하지만 당신은 그럴 수 있을지 모르겠다. 왜냐하면 결정은 순전히 당신에게 달려 있기 때문이다. 자, 어떻게 하려는가? 당신이 집이라고 부르는 안전한 장소로 돌아가라. 당신이 필사적으로 잡으려 했던 것들을 그만 좇고 돌아가면 이미 그곳에 돌아와 있을지도 모른다.

대학 시절 두어 달간 히치 하이킹으로 미국 전역을 일주한 적이 있다. 그 시절은 지금과 달랐다. 많이들 그렇게 여행했다. 요즘 시대에는 낯선 사람을 믿는다는 건 상상하기 힘들다. 여행은 뉴잉글랜드까지 이어졌고, 낯선 사람 차도 많이 얻어 탔다. 개중에는 친절하고 후한 사람도 있었고, 꽤 이상한 사람도 있었다. 하지만 다행히 오싹한 일은 일어나지 않았고 목적지까지 무사히 가기만 하면 아무래도 상관 없었다. 게다가 나야말로 좀 더 오싹한 몰골이긴 했다. 당시 나는 이글거리는 빨강 머리가 어깨까지 치렁치렁했고, 찢어진 청바지에 얼룩덜룩한 티셔츠를 입은 열여덟 살 청춘이었다. 그저 탈것과 민트사탕만 있으면 충분했던! 사실, 낡은 테니스화가 너덜너덜해져서 '겨울을 날 부츠 한 벌 있었으면……' 하기는 했다.

누군가가 차를 세우고 문을 열어 주면 나는 먼저 상대방을 유심히 살핀 뒤에 차에 올라탔다. 물론 상대방도 마찬가지였을 것이다. 메인 주 뱅고르 외곽에서 한참 손을 흔든 끝에 트럭 한 대가 멈춰 섰다. 나이가 꽤 있고 덩치가 작은 남자 운전사였는데, 눈매는 부드러웠고, 심지어 두터운 눈썹과 턱수염마저도 친절하게 느껴졌다. 이유는 모르겠지만 어쨌든 그랬다. 나는 보조석에 올라탔다.

"내 이름은 돈이에요."

남자는 약간 머뭇머뭇 손을 내밀며 말했다. 성은 밝히지 않았다. 뭐, 상관없었다. 고속도로를 달리는 동안 남자는 내가 하고 있는 모험에 관해 물었고 나는 그의 삶을 물어 가며 수다를 떨었다. 그러고 나서 그에게서 들은 말이 뜻밖이었다. 그는 자신이 숲에서 혼자 사는 은둔자라고 했다. 그 말을 듣는 즉시 솔직히 좀 겁이 났다. 지금 생각해도 충분히 오해할 만한 상황이었다.

'그렇다면 왜 여기서 뭘 하다가 나를 태운 거지?'

그 전에도 은둔자 이야기를 들은 적이 있었지만 만나 본 적은 없었다. 돈을 어디서 마련할까 몹시 궁금해졌다.

'집은 어떻게 생겼지? 아니, 집이 있기나 할까? 애완동물을 키울까? 혹시 은둔자 게(소라게)를 키우는 건 아니겠지? 혹시 다람쥐와 대화할까? 혼자서 엄지 싸움을 할까?'

머릿속에서 온갖 잡다한 질문이 맴돌았다.

차를 잡기까지 생각보다 오래 기다렸던 것 같다. 돈의 차에 타자마자 땅거미가 깔렸으니 말이다. 곧 밤이 오게 생겼는데 하룻밤 묵을 만한 곳이 보이지 않았다. 돈도 비슷한 계산을 하던 차였는지 내게 "날이 곧 깜깜해질 텐데 오늘 밤 묵을 곳이 있나요?"라고 묻길래 내가 없다고 대답하자, 그는 무심한 말투로 자기 집에서 묵으라고 권했다. 그렇게 해서 만화 주인공 요세미티 샘과 산타클로스를 섞은 듯한 인물과 차를 타고 가다가 얼떨결에 하룻밤 초대를 받아들였다.

조금 더 시간이 지나니 바깥이 완전히 깜깜해졌다. 이윽고 2차선 주간고속도로에서 벗어나 표지판도 없는 자갈길로 들어섰다. 혹시 큰일이 생기면 내 위치를 알릴 수나 있을까 싶었다. 하지만 어차피 상관없었다. 돈의 집에는 전화기가 없다고 했기 때문이다. 전기도, 배관시설도 없지만, 작은 화덕 하나에 불을 넣을 프로판가스 통은 있었다. 물은 집 뒤 우물에서 양동이로 길어 올렸고, 필요한 건 모두 이웃과 물물교환을 했다. 그야말로 방해 요소라곤 전혀 없는 삶이다.

마침내 돈의 집에 도착했다. 집 외관은 당신이 생각하는 모습 그대로다. 경사진 지붕이 현관 위로 드리운 작은 판잣집에,

현관 바로 옆에 창문 하나만 뚫려 있고, 배터리로 작동하는 희미한 등이 주변 숲으로 흘러나오고 있었다. 슬슬 안에 침대가 몇 개나 있을지 걱정되기 시작했다. 간이침대 두 개가 들어가면 꽉 찰 것처럼 집이 작았으니 말이다. 돈이 집 앞에 차를 댔고 우리 둘 다 내렸다. 둘 다 집 안으로 들어가자마자 그가 문을 닫았다 (지금 내가 이 이야기를 전하고 있으니 분명 죽지는 않았다).

사실 나는 돈과 아주 즐거운 시간을 보냈다. 예상 밖으로 얼마나 즐거웠던지 거기서 무려 한 달을 지냈다.

내가 왜 그토록 오래 머물렀는지 궁금하지 않은가? 뭐라고 콕 집어서 말하기는 어렵다. 당시 나는 모험을 찾는 씩씩한 젊은이였고, 달리 갈 곳도 없었다. 나는 가난했고, 돈은 친절하고 지혜롭고 배려심이 깊었다. 그가 왜 은둔자가 되었는지 혹은 그의 삶에 다른 누군가가 있었는지는 듣지 못했다. 하지만 그가 나를 자신의 집으로 초대했다는 사실로 볼 때 친구가 필요했는지도 모른다. 하긴, 친구가 필요하지 않은 사람이 어디 있겠는가. 나는 호기심 많은 젊은이였다. 그래서 목숨이 너무 위태로워지지 않는 한, 언제 어디서나 어떤 모험이라도 할 용의가 있었다. 그러니 점점 호텔처럼 편하게 다가온 집에서 한 달 묵는 것쯤이야 아무것도 아니었다. 게다가 숙박비까지 공짜이니 마다할 이유가 없었다. 비록 화장실은 푸세식이었지만 말이다.

돈과 나는 곧 집안일을 분담하기 시작했다. 촛대 만드는 일로 하루를 시작했다. 그렇게 만든 촛대를 다른 사람 집으로 배달했다. 먼저 구리를 둥근 조각으로 자른 다음, 그루터기 위에 놓고 망치로 때려 움푹 들어가게 해서 촛대 받침을 만들었다. 이어서, 놋 막대기에 토치로 열을 가해 구부린 다음, 촛농을 받을 둥근 접시를 납땜했다. 마지막으로, 구리 파이프를 잘라서 초를 넣을 링을 만든 다음, 제자리에 납땜해 붙였다. 그러고 나서 집 안을 치우고, 아침 식사를 간단히 때우고, 촛대들을 배달한 다음, 늦은 시간에는 잠시 책을 읽었다. 더없이 단순한 일과였다.

촛대를 배달하면 마을 사람들은 텃밭이나 장작더미에서 뭐든 필요한 것을 가져가라고 권했다. 마을 어떤 집은 거대한 장군풀 정원으로 동네 사람 사이에서 유명했다. 우리는 장군풀 한 움큼을 집어 와 집에서 장군풀 파이를 만들었다. 그리고 파이를 다음 날 아침 갖고 나가 다른 채소나 비누, 연필, 버터 따위로 바꿔 왔다. 필요한 건 거의 다 있었다(화장실 휴지만 빼고). 한번은 돈이 파이들을 중고 트럭 타이어로, 또 한번은 자동차 배터리로 바꿔 왔다. 우리가 만든 달콤한 파이는 화폐나 다름없었다. 돈은 이런 식으로 은둔자의 삶을 살아왔다. 자신이 가진 물건이나 노하우로 뭐든 필요한 걸 얻었다.

내가 볼 때 사람들은 진짜 신앙, 더 역동적인 신앙, 주변 사람과 더 깊이 연결되는 신앙을 원한다. 문제는 우리가 진짜 필요한 것을 얻으려고 이미 주어진 것을 사용하지 않는다는 사실이다. 우리는 필요하지도 원하지도 않는 것들로 삶을 복잡하게 만들고 스스로를 방해한다. 공동체로 살면서도 은둔자처럼 살고 있다. 우리가 사랑하는 가족이 있는데도 혼자처럼 살아간다. 좋은 행실로 하나님의 은혜와 물물교환 할 수 있다고 생각하지만 그럴 수 없으며, 그렇게 하려고 할 때 우리는 고아처럼 보이게된다. 우리 모두 자신의 삶에 신앙이 통하는 것처럼 보이고 싶어 한다. 하지만 자신이 방황하고 상처로 신음할 때 주변 사람에게그 사실을 알리는 게 얼마나 아름답고 진정한 삶인지를 놓치고있다.

신앙 공동체에서도 매일 똑같은 일이 벌어진다. 우리는 누구를 믿을 수 있고 누구를 멀리해야 하는지, 누구와 함께 가고누구를 피해야 하는지 알기를 원한다. 요컨대 누구와 함께 신앙생활을 해야 할지 몰라 아예 다 거리를 두며 살아간다. 하지만하나님은 우리를 홀로 두시지 않았다. 우리에게 서로를 주셨다.함께 더 깊은 신앙으로 들어가도록 신앙 공동체를 주셨고, 나아가 그분의 아들을 주셨다. 다시 말해, 우리는 더 이상 은둔자처럼 살 필요가 없다. 진짜 신앙, 진짜 나로 돌아가야 한다.

신앙을 개인적으로 표현하는 모습에서 은둔자처럼 보이는 그리스도인이 많다. 아마도 그들은 어느 순간 방해받아, 자신의 신앙이 실제로 어떤지보다 남에게 어떻게 보이는지에 더 관심을 갖기 시작했을 것이다. 자신과 의견이 다른 사람에 대한 왜곡된 시각 때문에, 그들을 하나님의 형상을 따라 지음받은 자신과 똑같은 사람으로 보지 못하게 된 건지도 모른다. 예수님을 따른다고 주장하면서 행동은 전혀 그렇지 않은 사람, 하나님을 사랑한다면서 그분이 지으신 사람이 싫은 것처럼 행동하는 사람에게 호되게 데인 적이 있는 건지도 모른다.

메인 주에 가을이 왔고, 나뭇잎 색깔이 달라지기 시작했다. 이제 떠날 시간이 되었다. 돈이 나를 고속도로까지 태워 주기로 했다. 거기서 남쪽으로 가는 차를 잡아 볼 것이다. 우리는 둘 다 일찍 일어나 큼지막한 장군풀 파이를 먹고 트럭에 올라타 자갈길로 향했다. 작별 인사를 하고 차에서 내리는데 돈이 뒷좌석으로 손을 뻗어 내게 자루 하나를 건넸다. 안에는 겨울을 따뜻하게 날 부츠 한 켤레가 들어 있었다. 그 부츠를 지금도 간직하고 있다. 그 부츠를 볼 때마다 우리가 기꺼이 모험하면 하나님이 필요한 것과 함께할 사람을 주신다는 사실을 다시금 기억하게 된다.

우리 모두는 무언가를 쫓아다니고 있다. 어떤 이들은 그것들을 쫓아다니느라 막대한 시간을 쏟아붓는다. 나도 당시를 돌아보면 무엇을 쫓아다녔고, 그것이 과연 그럴 만한 가치가 있었는지 차라리 내려놓는 편이 더 낫겠다고 생각한 적이 많다. 당신도 이런 심정을 알리라 생각한다. 확실히 몰라도 괜찮다. 사실, 확실히 안다고 생각하면 그거야말로 문제다.

대학에서도 나는 왠지 모르게 평범한 삶이 싫었다. 기존 틀에서 벗어난 즉흥적인 삶을 원했다. 돈 덕분에 잠시나마 기존의 틀 정도가 아니라 아예 문명에서 벗어난 삶을 살았다. 그를 만난 날, 내게 필요한 건 얻어 탈 차와 부츠 한 켤레가 전부였다. 그런데 하나님은 이보다 훨씬 더 많은 것을 주셨다. 하나님은 더 깊은 신앙으로 들어갈 길도 보여 주셨다. 돈과 나는 둘 다 그런 교훈을 얻으려고 약간의 모험을 해야 했다. 더 깊은 신앙으로 들어가고 싶다면 당신도 약간의 모험을 해야 할지 모르겠다.

돈과 함께한 시간에 나는 그 흔한 방해 요소에서 벗어나면 내가 어디로 가고 싶은지 분명히 알 수 있다는 사실을 배웠다. 한번 시도해 보라. 꼭 손을 흔들어 차를 잡지 않아도 된다. 그저 낯선 사람에게 손을 뻗어 환영해 주기만 하면 된다. 순수한 마음으로 그를 사랑해 주면 변화를 경험하게 될 것이다.

진정한 목적 있는 삶을 살려면 단순히 눈앞의 것을 뒤쫓는 달음질을 멈추어야 한다. 가족, 집, 친구, 나무 위의 오두막집, 무엇이든 당신에게 있는 피난처로 발걸음을 돌리라. 그 외에 관심

218

을 끄는 모든 것을 내려놓으라. 하나님이 당신에게 주신 목적에 집중하고 기쁨으로 추구할 때만 당신이 내내 상상해 온 삶을 얻을 수 있을 것이다.

아플까 봐 놓지 못한 것들,
더 아픈 족쇄가 되다

내 증조할아버지는 일터에서 귀가하던 중 열차에 치이는 사고로 돌아가셨다. 이럴 확률이 얼마나 될까? 당신 가문에 이런 불운이 있다면 기분이 좋지 않을 것이다. 한 세대를 건너뛰어 내가 다음 차례가 아닐까 걱정할지도 모른다. 집안에 전해 오는 이야기를 들어 보면, 증조할아버지를 발견한 사람들은 그분을 외

바퀴 손수레에 실어 집에 모셔와 현관 앞에 기대어 놓았다고 한다. 이튿날 아침 나의 먼 친척이 증조할아버지를 발견했다. 그러고 보면 그 사람들은 집에 노크도 하지 않고 사람만 두고 간 게 분명하다. 그래도 집까지 데려와 주었으니 욕할 수도 없는 노릇이다.

거의 한 세기가 지나, 나는 변호사로서 한 사건을 맡아 증조할아버지가 사셨던 오리건 주 동부에 가게 됐다. 부동산 사기로 꽤 많은 사람 돈을 가로챈 사람의 행방을 몇 달째 찾고 있었다. 수년 전 그는 사업이 쇠락하자 수많은 사람에게 받은 수백만 달러를 들고 도망쳐 신분 세탁을 했다. 그는 너무도 뒤틀린 사람이었다. 또한 그는 도피 생활의 달인이었다. 몇 년이 지나도록 흔적조차 발견되지 않았다. 과연 내가 그를 잡을 수 있을지 자신이 없었다.

그러다 그의 아내가 그의 예전 이름으로 〈레드북〉(Redbook) 잡지를 구독하면서 실마리가 풀렸다. 내가 고용한 사설탐정은 그의 이름으로 사방에 그물망을 쳐 놓은 상태였다. 잡지사는 내게 발신인 주소를 알려 주었고, 덕분에 나는 정확히 어디로 소환장을 보내야 할지 알게 되었다. 나는 그가 숨어 있는 오리건 주 작은 마을로 증언 녹취를 하려고 소환장을 보냈다. 필시 그는 내가 자신을 어떻게 찾아냈는지 알았을 때 아내와 한바탕 부부싸움을 벌였을 것이다. 혹시 몰라 설명하자면, 녹취한 증언은 법적

구속력이 있다. 변호사는 피고를 증인석으로 부르지 않고도 녹취 증언을 사실로 법정에 제출할 수 있다. 녹취 증언을 얻으면 증인을 법정에 부른 것과 같은 효과가 있다.

증언 녹취를 하려고 그를 만났을 때 나의 첫 질문은 가문이었다. 이러면 그가 다시 실종되어도 찾는 데 도움이 된다. 그는 형제자매와 부모 이름을 말하고 나서는 조부모와 친척 이름도 댔다. 그렇게 점점 더 윗대로 올라가는데 무언가 이상했다. 윗대로 올라갈수록 이상하게 귀에 익은 이름들이 등장했다. 나는 무언가 이상해서 몇 가지 더 날카롭게 질문했다. 알고 보니 그는 나의 친척이었다. 맙소사! 이럴 확률이 얼마나 될까?

증언 녹취가 끝나고 모두가 짐을 정리할 때 나는 그에게 증조할아버지의 비극적인 열차 사고를 들어 본 적 있는지 물었다. 증조할아버지가 묻힌 곳을 알려 주면 찾아가고 싶다고 말했다. 그러자 그가 낄낄거리며 말했다.

"열차 사고 같은 건 없었어요. 증조할아버지는 가족을 오리건 동부 고지대 사막에 버리고 가 버렸죠."

순간, 어떻게 된 일인지 알 것 같았다. 버림받은 가족은 자신의 비참한 상황을 설명하려고 끔찍한 이야기를 지어냈던 것이다. 그들은 자신이 경험한 고통에 대한 변명 거리를 찾았다. 집안에서는 모두가 이 사실을 알고 있었던 게 분명하다. 하지만 나는 전혀 몰랐다. 어떤 거짓말은 지독하기 짝이 없다.

결국 이 사기꾼 친척은 먹은 돈을 다 토해 냈다. 그가 좋은 사람이어서가 아니라 내가 워낙 훌륭한 변호사였으니까. 적어도 내가 볼 때는 그렇다.

틈을 덮으려는 이야기를 사람들이 얼마나 잘 지어내는지 알면 소름이 끼칠 정도다. 혹은 우리는 때로 어떤 이야기도 인정하지 않고 수치스러운 순간을 그냥 가슴 깊이 묻어둔 채 그 기억이 사라지기를 바란다. 내 어린 시절에서 또 다른 사례를 찾아보자.

우리 아버지 손가락은 아홉 개 반만 있다. 아버지는 정말 훌륭한 아버지요, 친절하고 겸손한 남자이며, 내 좋은 친구다. 아버지가 군대 신병 훈련소에 입소했을 때 수류탄 던지는 법을 배우셨다. 훈련소에서는 진짜 수류탄만큼 강한 폭발력을 지니지 않은 훈련용 수류탄을 사용했다. 분명 교관들은 단계를 정확히 설명했을 것이다. 1단계, 핀을 뽑는다. 2단계, 던진다. 아버지는 첫 번째 단계는 완벽하게 해냈다. 하지만 두 번째 단계는 그렇지 못했다. 수류탄은 아버지 손안에서 터졌고, 한 손가락의 절반가량이 참혹하게 날아갔다.

그런데 내가 어릴 적에 아무도 내게 이 사건에 관해 말해 주지 않았다. 단 한 번도. 오랜 세월이 지나서야 훈련용 수류탄인 줄 알게 되었다. 아버지는 그때나 지금이나 용감한 분이셔서 자신의 부상으로 호들갑 떨고 싶지 않았던 것 같다. 아버지는 무슨 일이 일어났는지 아셨지만 나는 몰랐다. 아무것도 모르는 나는 그 상황을 나 자신에게 설명하기 위해 이야기를 지어냈다. 그래서 어떤 설명을 갖다 붙였는지 아는가? 그냥 내 한 손가락이 유독 더 길뿐이라고 생각했다. 웃기지 않은가?

하지만 누구나 진실을 모르고 그 사실을 인정하고 싶지 않을 때 그렇게 이야기를 지어낸다. 자기 마음에 편하고 머리로 이해하기 쉬운 다른 현실을 만든다. 어린 시절에는 그냥 내 한 손가락이 유독 더 길다고 생각하는 것이 아버지의 별다른 설명이 없는 상태에서 나름 합리적인 설명이었다. 아버지는 나를 사랑해서 일부러 그 부상에 관해 말하지 않은 것이었는데 말이다.

이상하게 들릴지 모르지만, 어린 마음에 내가 지어낸 이야기가 꽤 일리 있게 느껴졌다. 초등학교에서 추수감사절 시즌에 무엇을 했는지 기억하는가? 미술 수업에는 언제나 손가락을 쫙 펴서 칠면조를 만들었다. 내 칠면조 깃털은 다른 아이 칠면조만큼 길지 않았다. 왜 그랬을까? '정상인' 우리 아버지 손가락 하나가 손가락 반 정도의 길이이니 '유독 긴' 내 손가락 하나를 반으로 구부릴 수밖에.

이해가 가지 않는다고 그것을 설명하기 위해 이야기를 지어내면 자신과 주변 사람에게 더 큰 혼란만 가져온다. 자신이 상황을 통제한다는 거짓된 느낌을 주지만, 사실은 교묘한 거짓말로 스스로를 속인 것에 불과하다. 우리는 고통스럽고 복잡한 진실보다 믿기 쉽고 편한 이야기를 지어낸다.

성인 뇌의 무게는 1.5킬로그램 조금 못 된다. 뇌가 정말 크다고 해도 2킬로그램 넘기 쉽지 않다. 당신 뇌를 무엇으로 채우고 있는가? 몇 킬로그램의 방해 요소와 지어낸 이야기를 머릿속에 넣고 다니는가?

애니 딜라드는 《창조적 글쓰기》(The Writing Life)라는 책에서 이렇게 말했다. "무엇을 배울지 신중하게 판단하라. 왜냐하면 배운 것을 알게 되기 때문이다."[1]

반쪽짜리 진실만 배우면 반쪽짜리 삶밖에 살지 못한다. 온전한 삶을 살려면 자신에 대한 온전한 진실이 필요하다. 온전한 진실을 얻어야만 자신이 어디로 향하는지 분명히 볼 수 있기 때문이다.

문제는 우리가 자신에 대해서 무엇을 믿을지 항상 스스로 선택하는 건 아니라는 사실이다. 우리 믿음은 부모, 목사, 선생, 친구들이 심어 주었다. 나중에 우리가 "잠깐, 이건 맞지 않아!"라고 말할 힘을 얻기 전까지는 영향을 받는다. 결국 우리는 남이 전해 준 이야기들을 풀어내거나 아무도 말해 주지 않은 이야기의 공백을 메우려고 많은 시간과 감정적 에너지를 쏟게 된다.

이렇게 해 보라. 다섯 살, 열 살, 열다섯 살, 스무 살의 자신을 생각해 보라. 나이가 더 많다면 서른과 마흔도 생각해 보라.

나중에 필요할지 모르는 진실을 각 단계의 자기 자신에게 어떻게 알려 주겠는가?

"엘모는 손가락 인형이야"(다섯 살 자신에게).

"내년에는 팀에 들어갈 수 있을 거야. 끝까지 포기하지 마"(열 살 자신에게).

"지금은 마음이 아프겠지만 나중에 더 좋은 사람이 나타날 거야"(열다섯 살 자신에게).

"걱정되는 건 당연해. 하지만 너는 겨우 월세만 내며 오래 사는 삶보다 더 좋은 삶을 살게 될 거야"(스무 살 자신에게).

"이렇게 일만 하다가는 가장 중요한 걸 잃게 될 거야"(서른 살 자신에게).

"늘 꿈꾸던 커리어를 위해 임금이 좀 낮은 직장으로 옮긴다고 해도 인생이 무너지지는 않아"(마흔 살 자신에게).

물론 모두 다 가상 사례다(단 하나, 엘모 이야기는 진짜다). 하지만 누구나 과거로 돌아갈 수 있다면 자신의 정체성에 덧대진 그릇된 믿음을 없애려 들 것이다. 그런 믿음을 짊어진 삶의 고통에서 자신을 구해 내려 할 것이다(그리고 솔직히 말해 보자. 분명 나한테 슈퍼볼 어떤 팀에 돈을 걸지 알려 주고 애플사와 아마존사 주식을 사라고 귀띔할 것이다. 뭐, 그냥 그렇다는 거다). 어쨌든 우리는 자신이 나중에 힘들게 깨달은 현실을 자기 자신에게 알려 주며 더 진정한 삶을 살라고 말할 것이다.

또 다른 실험을 해 보자. 미래의 당신이 당신을 도우려고 돌아온다면 어떤 말을 할까? 그러니까 오늘의 당신에게 무슨 말을 할까?

필시 당신은 받아들여야 하지만 너무 두려운 나머지 받아들이지 못하는 진실을 알고 있다. 그 진실은 당신 마음 깊숙이 숨어 있다. 진실은 계속해서 문을 할퀴며 나가게 해 달라고 아우성치지만 당신은 큰 대가를 치를까 봐 머뭇거리고 있다. 자, 당신에게 묻고 싶다. 둘 중 무엇이 나은가? 반쪽짜리 진실을 향해 터벅터벅 나아가는 것? 혹은 고통스럽지만 온전한 진실 속에서 자유를 누리는 것? 나는 내가 무엇을 선택할지 안다. 필시 당신도 알 것이다.

어떤 이는 자신이 운명이나 숙명, 행운, 혹은 이 셋을 조합한 지배를 받는다고 믿는다. 어떤 이는 충분한 업보를 쌓으면 이 지배에서 벗어난다고 믿는다. 물론 나는 믿지 않는다. 나는 예수님이 세상에 여전히 살아 역사하신다고 분명히 믿는다. 그런데 세상이 돌아가는 방식에 여러 인지적인 설명이 있다 해도, 결국 우리를 빚어 가는 건 사람과 경험이다. 사람과 경험 안에서의 '받아들임'이 우리를 형성한다고 말하는 편이 더 정확할지 모르겠다. 우리가 어떤 식으로 빚어지는지 그 과정을 이해하면 방해 요소를 피하고 삶에서 기쁨과 목적을 찾는 데 도움이 된다.

우리는 보통 지어낸 이야기를 뒷받침하고자 규칙을 만드는

데 이 규칙은 일종의 감옥이 될 수 있다. 이 규칙이 뒷받침하는 이야기, 즉 우리가 어릴 적 이해하지 못한 사건을 설명하려고 지어낸 이야기는 우리를 자기 자신과 다른 모든 사람에게서 분리하는 방해 요소다. 따라서 우리가 구축한 이야기와 규칙이 자신에게 여전히 도움이 되는지 철저히 점검해 봐야 한다. 이러한 내용의 유통기한이 다했다면 잠시 우리에게 도움이 된 데 감사한 뒤(물론 도움만큼 부작용도 있었겠지만) 쓰레기통으로 던질 용기도 필요하다.

당신 부모처럼 우리 부모도 아마추어였다. 당신도 자녀가 있다면 마찬가지로 아마추어일 것이다. 아직 자녀가 없다면 언젠가 자녀를 낳으면 아마추어가 될 것이다. 우리 부모님은 내가 예의 바르게 행동하기를 원했다. 충분히 이해한다. 나는 툭하면 사고 치는 아이였다. 보통 관리가 아니라 딱 달라붙어서 종일 관리해야 하는 아이였다. 내가 말을 잘 들을 때면 부모님은 좋은 부모답게 사랑을 쏟고 칭찬해 주셨다. 그럴 때면 당연히 기분이 날아갈 듯 좋았다. 하지만 나는 칭찬받을 만한 행동을 하지 못할 때마다 부모님이 내게서 사랑을 거두어 갈 거라는 이야기를 마음속에서 지어냈다. 물론 부모님은 내게 그런 느낌을 줄 의도가 추호도 없었다. 두 분은 훌륭한 부모셨으니까.

하지만 나는 어릴 적 세상을 관찰하면서 두 가지를 배웠다.

첫째, 나는 '사랑'이 내 행동을 통제하려고 주거나 보류하는 거라고 생각했다. 사랑은 전적으로 믿을 만한 게 아니어서 나를 있는 그대로 받아 주지 않고 어디까지나 내 행동을 통제하려는 수단이라고 여겼다.

더 은밀히 형성된 두 번째 이야기는 관계 속에서 감정적으로 홀로 방치될 수 있다는 거였다. 부모님은 나를 사랑하셔서 부모님과의 관계에서 내가 홀로 방치된 적은 없었다. 하지만 어린 시절 내게도 갑자기 그런 일이 일어날 수 있다는 결론을 내렸다. 놀이동산에서 부모를 잃거나 집에서 멀리 떨어진 곳에 버려지는 듯한 느낌. 갑자기 홀로 남겨질지 모른다는 생각이 내 마음 기저에서 흐르고 있었다. 그리고 이 믿음은 이후 몇십 년간 내가 관계에 접근하는 방식에 영향을 미쳤다.

내가 당시로 돌아간다면 나 자신에게 뭐라고 말할 것 같은가? 그 소년에게 부모는 그를 사랑했다고, 불안해할 필요 없다고 잘 설명해 줄 것이다. 사람들은 최선은 다하지만 때로 실수할 수 있다고 말해 줄 것이다. 나도 때로는 남을 실망시키며, 그때마다 나아지려고 노력하면 된다고 말해 줄 것이다. 그리고 그가 다른 사람에게서 바라는 것을 나중에 자녀에게 해 주라고 조언할 것이다. 마지막으로, 하나님은 절대 그를 버리시지도 거부하시지도 않을 거라며 안심시킬 것이다.

솔직히 자신을 돌아보라. 우리가 잡고 절대 놓지 않는 어떤 이야기들이 우리 발목을 잡고 있다.

최근 한 청년이 내게 전화를 걸어 도움을 요청했던 이야기를 잠깐 해 보겠다. 다음과 같은 대화가 오갔다.

"밥 선생님, 다음 커리어를 결정하려고 합니다. 진로를 바꾸고 싶은데 쉽지가 않네요."

"음, 무엇을 잘하시는지 한번 말씀해 보세요."

"아, 사실 구체적으로 생각해 본 적은 없습니다. 그냥 처음 시작한 일을 잘 해 오다가 갑자기 무언가 변화가 필요하다고 생각했을 뿐입니다."

나는 사고를 전환하려 다시금 물었다.

"레이니어산을 등산해 볼 생각을 해 보셨나요?"

레이니어산은 그가 사는 근처에 있는 멋진 산이다.

"제가 할 수 있을까요? 제가 어릴 적 뇌에 심각한 손상을 입었거든요. 그런 일은 저한테 역부족입니다."

"아, 그런 일이 있었군요. 정말 안 됐습니다."

정확히 어떤 일이 있었는지 알고 싶었지만 캐묻지 않았다.

"가만히 보니 사람들과 이야기하는 걸 좋아하시는 것 같습니다. 잠시 대화를 나눠 보니 말을 참 잘하시네요. 강연자가 되어 보시는 건 어떨까요?"

"아이고, 턱도 없어요. 아까 제가 뇌에 큰 손상을 입었다고 말씀드렸죠?"

이쯤 되니 패턴이 보였다.

"변호사 보조원은 어떤가요?"

"뇌 손상 아시죠?"

"수중발레는 어떤가요?"

"뇌 손상 아시죠?"

이쯤 되면 무슨 뜻인지 알 것이다. 그는 어릴 시절 이야기를 전체 인생의 '주된 내러티브'로 삼았다. 그런데 비단 '그의' 문제만이 아니라 '우리 모두의' 문제다. 우리 모두 실패하거나 실망스러운 경험이 있다. 이런 경험을 건강한 방식으로 해석하지 못하면 그것이 해일이 되어 우리가 가야만 하는 섬에서 우리를 점점 멀리 쓸어 간다.

나는 이 청년에게 한번 실험해 보라고 권했다. 어릴 적 심각한 뇌 손상을 입었다는 이야기를 하루 동안 그 누구에게도 단 한 번도 말하지 말라고 말이다. 그런 다음에는 사실이기는 하지만 그를 무기력하게 만드는 그 이야기를 일주일, 그다음에는 한 달 동안 이야기하지 말아 보라고 했다. 그러고 나서 그 이야기가 그의 삶을 지배하는 통제력이 약해지는지 보라고 했다.

현실을 부정하는 삶을 살라는 말은 전혀 아니다. 아무리 사실이라도 우리의 전진을 막는 이야기라면 버리라는 말이다. 이 청년에게 내가 권한 방법을 당신도 써 보고 나서 어떤 일이 벌어지는지 보라.

샌디에이고에 있는 우리 집 뒤편에는 부두가 있다. 어느 날 저녁 부두 끝에 가 보니 많은 피라미가 물 표면 위로 올라오며 큰 소용돌이를 일으키고 있었다. 반경 10미터 원 안에서 장대비가 떨어지는 듯한 광경이었다. 퍼뜩 피라미들이 수면 아래 있는 큰 물고기를 피하려고 그러는 건지도 모르겠다는 생각이 들었다. 피라미들은 아래 있는 위협 때문에 얕은 물가로 쫓기고 있었다. 우리 삶의 방해 요소를 제거하려면 무엇이 혹은 누가 우리를 얕은 곳으로 몰아붙이는지 알아내야 한다.

우리 마음과 정신은 무한한 가능성과 약속의 바다다. 우리는 특정한 성격을 타고났다. 안타깝게도 성격은 선택할 수 없다. 선택이 가능하다면 나는 코미디언과 대통령, 우주비행가, 컨트리 음악 가수, 공중 곡예사 성격을 선택했을 것이다. 가까운 사람이 무의식중에 내게 심어 준 반쪽짜리 진실이나 노골적인 거짓말도 선택할 수 없다. 하지만 어디까지나 그건 어릴 적 이야기다. 이제 당신과 나는 세상을 꽤 많이 돌아다니며 적지 않은 인생 경험을 쌓았다. 그래서 이제 우리는 자신의 인생 궤적을 분석하며 지금의 자신이 빚어진 과정을 확인할 수 있다. 그러고 나서 우리가 원하는 모습을 향해 나아갈 수 있다.

윗대에서 전해진 꾸며 낸 이야기에 방해받지 말라. 진짜 이야기를 만날 기회를 놓치지 말라. 거짓말에 속아 바다처럼 깊어져야 하는 삶을 놓치고 얕은 웅덩이 같은 삶에 머물러서는 안 된다.

크고 작은 오해들,
번번이 푸느라 힘 빼고 있다면

"오컴의 면도날"(Occam's razor)이라는 원리가 있다. 이 이론은
꽤 복잡하지만 쉽게 정리하자면, 가장 단순한 설명이 대개 정확
한 설명이라는 내용이라는 내용이다. 주변 모든 일과 머릿속에
서 이루어지는 복잡한 이야기들에 방해받지 말고, 가장 단순한
설명으로 해석해 보라. 대개는 가장 단순한 설명이 옳다. 당신

주변 몇몇 사람이 당신에게 방해 요소가 되었는가? 애인이 약속 시간에 항상 늦어서 짜증 나는가? 애인의 시계가 10분 늦게 맞춰져 있는지도 모른다. 친구가 늘 당신의 말을 끊는가? 어쩌면 친구의 청력이 좋지 않아서 그런지도 모른다.

사소한 것에 방해받지 말라. 집착하지도 말라. 그냥 가볍게 여기라. 당신의 애인이 시간을 정확히 지키지 않는 건 꼭 당신에게 흥미가 떨어져서도, 당신을 존중하지 않아서도 아니다. 복잡하게 생각하면 도리어 단순한 실제 이유를 보지 못하는 경우가 많다.

우간다에서 내 친구 그레그와 함께 지낸 적이 있다. 우리는 숲속 작은 집에서 묵었는데 둘 다 오랜 여행에 지쳐 이른 시간 잠자리에 들고 말았다. 잠들었던 나는 몇 시간 뒤 그레그의 엄청난 코 고는 소리에 잠이 깨고 말았다. 도무지 정상이라고는 볼 수 없는 소리였다. 나는 몇 시간 동안 천장을 바라보며 덜컹덜컹 지붕 못을 흔들고 창문을 들썩이는 커다란 우렛소리를 참아 냈다.

잠을 설쳐 눈이 퀭 해진 내 머릿속에 별의별 험한 생각이 맴돌았다.

"사느냐 죽느냐 이것이 문제로다."

새벽 두 시에 나는 《햄릿》(Hamlet)의 대사를 읊었다. 여전히 한숨도 자지 못한 상태였다. 다행히 몇 시간 뒤 해가 떠올랐고, 나는 그레그가 이미 일어나 있는 방으로 향했다. 들어가자마자 그를 잡아먹을 듯 노려보았다.

"이보게, 자네 수술이라도 받아야 하는 것 아닌가? 자네처럼 코를 고는 사람은 내가 태어나서 한 번도 본 적이 없네. 심지어 자네처럼 시끄럽게 코를 고는 사람이 있다는 이야기도 들어보지 못했어."

그레그는 황당하다는 표정으로 나를 보며 말했다.

"내가? 밥, 나야말로 자네처럼 시끄럽게 코를 고는 사람이 있다는 말을 들어보지 못했네. 밤새 한숨도 못 잤어. 그게 내가 지금 일어나 있는 이유야."

잠깐! 뭐라고? 나는 잠을 잔 적이 없었다. 그런데 어떻게 코를 골 수 있단 말인가. 둘은 여전히 서로를 믿지 못한 채 서로의 코를 가리키며 시끄러운 코골이에 관한 온갖 비유를 들먹였다. 그러면서 밖으로 나가 현관 앞에 앉아 있는데, 그때 그 우레와 같은 코 고는 소리가 우리 둘의 귀청을 때리는 게 아닌가. 소리를 따라가 보니 움집 뒤였다. 거기에는 밤새 새끼를 낳느라 울부짖은 어미 소 한 마리가 있었다.

서로에게 너무 심하게 굴지 말라. 상황이 항상 보이는 것, 심지어 들리는 것과 똑같지는 않다.

살다 보면 누구나 오해받고 오해한다. 그런 일은 매일 하루 종일 일어난다. 일요일에는 두 배로 일어난다. 당신이 교회에서 설교하거나 10대 자녀가 있거나 혹은 당신 자신이 10대라면 이런 일은 세 배 이상 일어난다. 때로는 나 자신도 이해되지 않을 때가 있다. 이건 정말 미칠 노릇이다. 나는 항상 나와 함께 있으니까 말이다. 모두가 오해한다. 가끔 한 번씩이 아니라 수시로 오해한다. 이런 일이 벌어지는지 전혀 몰랐다면 그 또한 오해다. 마치 이에 고춧가루 낀 것처럼 남들은 다 아는데 자신만 아직 모른다.

여기서 커뮤니케이션을 개선할 다섯 가지 방법을 알려 줄 수도 있다. 혹은 경청 기술 세 가지로 커뮤니케이션 수준을 확 끌어올릴 수도 있다. 하지만 그보다는 사람들이 나를 이해하지 못해도 그냥 넘어가면 어떨까? 그것에 방해받지 않으면 어떨까? 어떤 사람들은 생각조차 할 수 없는 일이다. 오해가 발생하면 그들은 입에 침을 튀겨 가며 설명한다. 당신이 이런 사람인가? 그렇다면 잘 들으라.

"그만하라!"

남들의 오해에 집착해서 어떻게든 설명하려고 난리를 치면 주변 모든 사람에게 방해가 된다. 오해를 당한 뒤에야 수습하지 말고 사전에 전략을 세우면 어떨까? 이런 고질적인 문제와 방해의 원인에서 충분히 해방될 수 있다.

당신 말과 행동을 의아하게 여길 사람이 있다는 사실을 편안하게 받아들이라. 그런 상황에 방해받지 말고 그냥 받아들이고 이해하고 떨쳐 내라. 괴로워하고, 후회하고, 신경 쓰고, 지난 대화를 머릿속에서 재연하고, 다른 결과를 기대하지 말라. 오해가 주는 가장 고통스러운 점은 대개 자신의 진짜 동기나 의도, 가치에 대해 의심하는 것이다. 의심하든 말든 너무 신경 쓰지 말라. 오해의 특성과 필연성을 이해하면 그것에 너무 연연하지 않게 된다.

예수님을 따르는 삶은 끊임없이 오해받는 삶이다. 물론 오해는 우리에게 상처를 준다. 오해받고 싶은 사람은 아무도 없다. 공격받는 기분을 즐기는 사람도 이 세상에 없다. 그 누구도 질책받는 걸 좋아하지 않는다.

더 이상 우리를 이해하지 못하는 사람은 우리와 거리를 둘 수도 있다. 그런 일이 일어나도 낙심하지 말라. 사람들은 예수님을 오해해서 죽였다. 그에 비하면 우리가 받는 오해는 실은 아무 것도 아니다. 예수님은 자신에게 주어진 일을 완성함으로써 하나님께 영광을 돌렸다고 선포하셨다.[1] 남이 어떻게 생각할지에 더 이상 신경 쓰지 말고, 모든 방해 요소에 브레이크를 밟아 당신에게 맡겨진 일을 완성하면 어떨까?

하나님이 우리에게 허락하신 일을 완성하려면 누군가의 마음을 불편하게 할 수밖에 없다. 몇몇 사람이 SNS에서 우리를 차단하거나 모임에 초대하지 않을 수도 있다. 그런 일을 당하면 속이 쓰리고 아프다. 하지만 너무 신경 쓰지는 말라. 둔감하게 살라는 뜻이 아니다. 자신이 나아갈 목적에 더 집중하고 전념하라는 뜻이다. 오해하지는 말라. 오해받는 삶을 추구하라는 말이 아니다. 오해를 사더라도 집착하지 말라는 말이다.

나는 비용 계산을 제대로 해 본 적이 별로 없다. 마트에 갈 때면 청바지 한 벌을 6달러 정도에 살 생각만 한다(요즘 파는 청바지는 군데군데 찢어진 것이, 아무래도 누가 입다가 버린 것을 가져다가 수백 달러에 파는 것처럼 보인다).

오크스 휴양센터에서 말과 가축 트레일러와 건초를 나르기 위해 좀 더 튼튼한 차가 필요해졌다. 승용차로는 감당이 되질 않았다. 하루는 자동차 대리점에 가서 카펫 대신 고무 매트가 깔린 픽업트럭을 발견했다. 군데군데 칠이 벗겨져서 비싸지 않을 것으로 예상하고 가격을 물었다. 가격을 듣고는 입을 다물 수 없었다. 무려 내가 낸 대학교 학비 총액의 두 배에 달했다. 실망을 금치 못했다.

　지역신문에서 10만 킬로미터 넘게 탄 저렴한 중고 트럭을 발견하고 판매자 청년을 만났다. 트럭을 직접 보니 정확히 내가 찾는 물건이라서 바로 돈을 주고 끌고 왔다. 집으로 오는 내내 강한 비누 냄새가 났지만 금방 없어질 거라 생각해서 신경 쓰지 않았다. 내 친구 중에 사냥개 코 친구도 있지만 내 후각은 그리 예민하지 않았다. 물론 누군가가 향수나 화장품을 온몸에 끼얹거나 엘리베이터 바닥에 떨어뜨려 깨졌다면 알아채겠지만, 그런 경우가 아니면 냄새에 크게 신경 쓰지 않는 편이다. 그냥 트럭 창문을 열고 가면 집에 도착할 즈음 냄새가 다 빠지겠지 생각했다. 집으로 꺾어지는 커브에서 마지막으로 코를 킁킁거렸는데 냄새가 잡힌 듯했다.

　이튿날 아침, 트럭 문을 열었는데 꽉 찬 세탁기 거품에서 나는 듯한 강한 비누 냄새가 다시 코를 찔렀다. 결혼식이 있어 로스앤젤레스까지 몇 시간을 달려야 해서 비누 냄새가 꽤나 신경 쓰였다. 창문을 여는 것만으로는 안 되겠다 싶어 이번에는 열로 냄새를 없애기로 했다. 즉시 히터를 최대한 세게 틀었다. 로스앤젤레스에서 집까지 왕복 여섯 시간 동안 비누 냄새를 태워 버리기로 했다. 그 바람에 셔츠가 땀범벅이 됐지만 집에 도착했을 때 문제만 해결된다면 상관없었다. 집에 도착해서 다시 한 번 냄새를 맡아 보니 예상대로 냄새와의 전쟁에서 승리한 걸 확신했다.

나의 완전한 승리였다. 당시 내게 그 냄새는 세상에서 가장 큰 문제였다. 나는 비누와 싸우는 전사였고, 결국 이 방해 요소를 무릎 꿇렸다.

그런데 다음 날 아침 트럭 문을 열었는데 비누 냄새가 또다시 진동했다. 무언가에 완전히 화가 나서 이성을 잃어 본 적 있는가? 별로 중요하지 않은 무언가에 비이성적으로 집착해 본 적이 있는가? 그때의 내가 바로 그랬다. 나는 무언가에 홀린 듯 자동차 커버 매장으로 달려갔다. 그 비누 귀신 트럭 열쇠를 카운터에 던지면서 당장 가죽 시트와 카펫으로 싹 바꾸겠다고 말했다. 그 냄새를 없애지 않으면 미칠 것만 같았다. 사흘 뒤 트럭을 찾으러 가서 문을 열었는데, 글쎄 부패한 시체에서 날 것만 같은 냄새 진동하는 게 아닌가. 나도 모르게 "아악!" 하고 소리쳤다.

나는 모든 걸 포기한 채 고개를 푹 숙이고 코를 틀어막고서는 트럭에 올라탔다. 그리고 천장에 걸린 상자에 선글라스를 넣으려고 손을 뻗었는데 그 안에서 무언가가 느껴졌다. 꺼내서 보니, 허탈하게도 비누처럼 생긴 25센트짜리 방향제였다. 순간, 내가 25센트짜리 문제를 해결하려고 2,000달러를 썼음을 깨달았다.

방해 요소에 비이성적으로 많은 관심을 쏟는 건 집착이다. 우리는 온갖 종류에 집착한다. 스포츠, 정치, 심지어 방향제까지. 당신에게 묻고 싶다. 당신은 무엇에 집착하는가? 관계? 기회? 직업? 실패? 그것이 무엇이든 이런 집착은 우리에게 하등의 도움이 되지 않는다.

한번은 영국에 있는 큰 교회에서 강연할 기회가 생겼다. 이 교회는 일주일 내내 공연으로 붐비는 도시 서쪽에 있는 극장에서 모인다. 주일 아침마다 그 극장의 공간을 교회로 바꾸는 동안 사람들은 밖에서 몇 시간 동안 줄을 서서 기다린다. 내가 도착했을 때 이전 공연에 사용한 소품들이 아직 치워져 있지 않은 상태였다. 관중 쪽으로 급격하게 기울어진 무대를 용암이 뒤덮고 있는 모습이 이색적이어서 좋았다.

그 주일, 극장 교회에 들어가려는 줄이 네 블록이나 이어졌다. 예배가 시작하려면 두 시간이나 남았다. 나는 밖에 나가 줄 선 모든 사람을 안아 주며 환영해 주기로 했다.

"잘 오셨어요! 멋진 아침이 될 겁니다!"

기다리는 모든 사람에게 팔을 흔들어 대며 그러나 너무 부담스럽지는 않게 안아 주었다. 한 시간 정도 그렇게 했을까? 트위드 재킷을 입은 한 남자 앞에 이르렀다. 나는 그를 꼭 안아 주면서 말했다.

"환영합니다! 정말 멋진 하루가 될 거예요! 교회에 잘 오셨습니다!"

그러자 그는 놀란 표정을 지으며 마치 동상처럼 그 자리에서 얼어붙었다. 알고 보니 벌써 교회 줄은 30미터쯤에서 끝이 났고, 그는 그냥 런던 거리를 걷는 영국인 남자였던 것이다. 웬 미친 미국인이 달려와서 호들갑을 떨며 포옹했으니 황당했을 것이다. 당신도 살다 보면 오해하고 오해를 받는다. 그냥 그럴 수 있다고 넘어가라. 그런 일에 방해받지 말라.

신앙 공동체마다 표현하는 방식은 참으로 다양하다. 어떤 교단은 손을 높이 들고 요란하게 예배드리는 반면, 어떤 교단은 예복을 입고 두 손을 얌전하게 무릎에 올린다. 어떤 그리스도인은 두 손바닥을 위로 올리고, 어떤 그리스도인은 두 손바닥을 서로 포갠다. 또 어떤 교회에서는 성가대와 첼로 앙상블과 함께 성스러운 분위기에서 찬양을 부르지만, 어떤 교회에서는 연기가 신나게 피어오르는 무대에서 밴드가 현대 음악을 연주하며 장내가 떠나갈 정도로 방방 뛴다.

이해가 안 되어도 존중은 가능하다. 다른 사람이 내게 맞지 않는 방식으로 하나님과 관계를 맺는다고 해서 방해받지 말라. 하나님을 경험하는 방식도 마찬가지다. 하나님 안에서 하나가 된다는 사실이 꼭 모두가 똑같아야 한다는 뜻은 아니다.

누군가가 내가 쓴 책이 복음에 물을 타서 희석시킨 거라고 지적했다.

"그런가요? 그거 잘되었군요."

나는 대답했다. 희석은 모르겠지만 물은 타는 건 좋다. 왜냐하면 나는 목마른 사람을 위해 책을 썼기 때문이다. 지식과 정보로 꽉 차 있지만 더 이상 목마르지 않아 삶이 비쩍 마른 사람이 세상에는 너무도 많다. 목마른 자가 되면 당신과 다른 길을 걷는 사람을 만나도 방해받지 않을 것이다. 성경을 머리로 알지만 말고 성경이 주는 자유 안에서 마음껏 즐거워하라.

아내는 항상 내게 말한다.

"당신 일에나 신경 써요."

변호사인 나는 종종 재판에 참여하는 배심원을 뽑는다. 배심원 후보들을 재빨리, 또 면밀하게 훑어봐야 한다. 배심원들의 판단은 재판에 중요한 영향을 끼친다. 하지만 우리가 서로를 훑어보는 일을 멈춘다면? 자신의 불을 조금 더 밝게 키우는 데만 집중한다면? 서로의 세계관을 이해하지 못하거나 동의하지 못한다는 이유로 교회 안팎에서 벌어지는 진흙탕 싸움을 그만두지 않는다면? 잊지 말라. 하나님은 우리에게 몇 가지 의견이 있다고 해서 우리를 재판관과 배심원으로 임명하시지 않았다. 자기 자신이나 판단하고, 남에 대해서는 놀라운 다양성을 즐기라.

명심하라. 우리는 감시꾼이 아닌 사랑의 영웅이 되어야 한다. 안타깝게도 남의 길을 바로잡는 데만 정신이 팔려 길에서 벗어난 사람이 적지 않다. 교만의 감옥에 갇힌 죄수들은 대개 자신이 간수인 줄 안다. '바른 교리' 문제를 가볍게 여겨도 된다는 말이 아니다. 예수님을 중시하면 자연스럽게 위대한 신학에 따라 살게 된다는 말이다.

텍사스 주에서 강연했을 때였다. 강연은 성공적으로 끝났는데 이튿날 한 여성에게서 전화가 왔다.

"안녕하세요. 어젯밤 선생님 강연을 들은 사람입니다."

"그러신가요? 어떠셨나요?"

"정말 엉망이었습니다."

"네? 엉망이었다고요? 어떤 부분이 그랬나요?"

"전부 다요."

"맙소사!"

내가 무슨 말실수를 했을까 생각하며 말을 더듬거렸다.

"무, 무슨 문제죠?"

"내내 욕하셨잖아요."

잠시 생각해 봤지만 내가 강연 중에 실수로라도 욕을 한 기억은 나지 않았다.

"도대체 제가 어떤 말을 했기에 그토록 화가 나셨나요?"

여자는 이렇게 쏘아붙였다. "몇 번이나 '맙소사!'(Oh my gosh; Oh my god을 살짝 변형시켰지만 여전히 불경한 말로 여겨지기도 한다-옮긴이)라고 하셨잖아요."

"맙소사!"

나는 또 그렇게 말하면서 웃음이 터져 나오는 걸 억지로 참았다. 나는 이 표현을 욕으로까지 생각하지 않았다. 단지 우리는 같은 고등학교를 나오지 않았을 뿐이다.

나는 또다시 오해받았다. 나중에 다시 그 지역에 갔을 때 그 여성을 초대해 음료를 대접했다. 그때 문득 또 어떤 불쌍한 사람이 그녀한테 걸려 혼쭐이 날까 생각했다. 혹시 당신도 낯선 사람에게 전화를 걸어 말이나 행동을 지적하고 싶다면, 근처 적십자사에 들러 절실한 누군가를 위해 헌혈하거나 도로 가에서 누군가의 펑크 난 타이어를 갈아 주면서 전화를 하는 게 어떨까? 특히 인생살이에 관한 조언은 듣는 상대방의 삶에 실질적으로는 아무런 보탬이 되지 않기가 쉽다. 그러니 그런 조언을 '하느라' 당신의 삶에 방해를 받지 말라. 무슨 뜻인지 알겠는가?

살다 보면 오해를 받기 마련이다. 우리도 오해하고 또 할 것이다. 이런 일이 가끔 한 번씩이 아니라, 계속해서 일어날 것이다. 그러니 앞으로 이런 일이 일어날 때 어떻게 할지 사전에 알아내라. 그렇게 얻는 자유는 그만한 가치가 있을 것이다.

일하는 과정에서
나는 '어떤 사람'이 되어 가는가

한번은 강연을 위해 비행기를 타고 남부 도시로 날아갔다. 그때 정말 멋진 한 남자가 공항으로 픽업하러 오겠다고 했다. 나는 심각한 방향치라서 누군가가 태워 준다고 하면 항상 대환영이다. 공항에서 짐을 찾아 나와 보니 길가에 그의 소박한 차가 서 있었다. 차에서 내린 나이 지긋한 남성은 따스한 미소를 머금고서 내 손을 힘주어 잡았다. 대낮이라 그저 자원봉사를 즐기는 은퇴자겠거니 생각했다.

차에 타서 감사의 마음을 표했다. 예상대로 그는 누군가를 도와주는 걸 좋아한다고 했다. 환대가 몸에 배인 사람임을 알 수 있었다. 고속도로에 올라타자 그는 이야기보따리를 풀기 시작했다. 특히 그가 어릴 적 가족과 함께 워싱턴 DC로 여행을 갔는데 호텔에 묵었던 날을 떠올리며 말을 꺼냈다.

'꽤 긴 이야기가 되겠군.'

하지만 그날 하루는 남는 게 시간이었고, 그는 꽤 좋은 사람이어서 몇 가지 질문을 더 던지며 대화를 이어 갔다. 가족이 묵었던 호텔은 낡은 싸구려 호텔이었는데, 불친절하고 지저분했다고 한다. 그의 아버지가 체크아웃을 하려는데 아이 한 명당 1달러씩 숙박료가 추가된다는 프런트 직원 말에 호텔 측 말이 처음과 달라졌다면서 집으로 오는 내내 불같이 화를 내셨다고 한다.

그 아버지는 집에 도착했을 때까지도 분이 풀리지 않아 무언가 조치를 취하기로 마음먹었는데……

대화는 딱 거기서 멈췄다.

마침 차는 내가 그날 밤 묵기로 한 호텔에 도착했고, 남자는 이야기를 그 상태로 끝냈다. 남자는 고맙게도 나를 그냥 내려 주지 않고 같이 차에서 내려 주차장을 지나 로비까지 동행해 주었다. 그때 로비에 있던 호텔 직원 한 명이 우리 옆을 지나가면서 남자에게 인사했다.

"안녕하세요, 윌슨 씨!"

'이분은 여길 자주 오나 보군.' 나는 속으로 생각했다.

프런트에서 체크인을 하는데 직원이 남자를 보더니 또 인사를 건넸다

"안녕하세요, 윌슨 씨!"

남자는 그냥 어깨를 으쓱하며 환하게 웃었다.

그때 또 다른 직원이 지나가며 인사했다.

"안녕하세요, 윌슨 씨!"

순간, 나를 놀리려는 몰래 카메라 아닌가 생각이 들었다.

"저…… 어찌 된 건가요?"

내가 묻자 남자는 씩 웃으며 말했다. "그건……"

그는 한참 뜸을 들이더니 "여긴 제 호텔입니다"라고 말했다.

"네? 이 홀리데이 인(Holiday Inn)의 주인이라고요?"

"아……"

남자는 또다시 씩 웃더니 말을 이어 갔다.

"실은 모든 홀리데이 인 호텔이 다 제 겁니다."

알고 보니 그 수수한 운전자가 홀리데이 인 호텔의 창업자 케몬스 윌슨의 아들이었던 것이다. 케몬스 윌슨은 여행에서 돌아온 뒤 호텔 체인을 만들기로 마음먹었다. 이 호텔 체인의 첫 건축자 중 한 명은 늦은 밤까지 회의하다가 〈홀리데이 인〉(Holiday

Inn) 영화에 관한 농담을 했다. 나머지는 역사 그대로다.

케몬스와 동업자는 독실한 신자였기 때문에 모든 호텔 룸에 성경책을 두었다. 이런 관행은 업계 최초였다. 그는 1950년대 말 멤피스에 첫 홀리데이 인을 열었고, 1960년대 말에 1,000번째 홀리데이 인이 문을 열었다. 그 뒤로도 호텔은 계속해서 지어졌다. 실로 놀라운 이야기다.

내 요지는 이렇다. 많은 사람이 중요한 사람처럼 보이려고 애를 쓴다. 하지만 운전자 윌슨 씨는 그렇지 않았다. 그는 중요한 인물이었지만 가족이 잘나가는 호텔 체인의 소유주여서가 아니었다. 중요한 건 하나님이 그를 아시고 사랑하셨기 때문이다. 당신도 마찬가지다. 그가 겸손한 태도로 직원들을 존중하는 모습과 나 같은 까다로운 여행객을 위해 시간을 내주는 모습에서 그가 하나님께 중요한 사람임이 그대로 드러났다. 세상에는 두 종류의 사람이 있다는 말이 있다. 겸손한 사람과 겸손해질 사람. 겸손해지면 중요한 사람처럼 보여야 한다는 강박관념에서 자유로워진다.

가장 최근 새로운 사람과 어울렸던 때가 기억나는가? 뒷마

당에서 하는 바비큐 파티 때? 학부모 면담에서 당신 차례를 기다리던 중 다른 학부모와 이야기를 나누었던가? 북클럽에서? 카센터에서? 새로운 소그룹 모임 첫 시간에? 파티에서? 처음 만난 자리에서 서로를 알아 갈 때 가장 자주 나오는 질문이 무엇인가? 내 경험으로 봐서 그 질문은 "어떤 일을 하세요?"다. 직업이 무엇이냐는 말이다.

우리가 이 질문을 던지는 건 일이 그만큼 중요하고 삶의 중심이라고 믿어서다. 일은 가족을 먹이거나 자존감을 얻는 수단이다. 우리는 일을 하며 생활비를 벌고 사람들 기대에 부응한다. 일은 삶에서 가장 많은 부분을 차지한다.

그런데 다른 일상적인 활동에 비해서 일과 관련한 미묘한 문제점은 '우리가 무슨 일을 하는지'를 '우리가 누구인지'와 동일시하기 쉽다는 것이다. 다시 말해, 일을 자신의 가치 및 정체성과 동일시하여 위험하고 혼란스러운 상황에 빠질 수 있다. 게다가 "당신은 어떤 사람인가요?"보다 "어떤 일을 하시나요?"라고 묻는 것이 덜 부담스럽다. 우리는 너무 빨리 너무 깊이 들어가는 것을 조심스러워한다. 그래서 "매일 밤 몇 시간이나 자나요?"보다는 "어느 팀 팬인가요?"와 같은 덜 부담스러운 질문을 한다. 충분히 이해한다. 관계가 바탕이 되지 않은 상태에서 깊숙이 질문하면 좀 이상한 사람처럼 비칠 수 있다.

당신은 일에서 어느 정도까지 정체성을 찾는가? 당신이 사람들 모임에서 가장 자랑스럽게 내세우는 게 바로 일인가? 당신에게 일은 남들 기대에 부응하는 수단인가?

"할아버지와 아버지는 둘 다 군인이셨어. 그래서 나도 군인의 길을 걸어야 한다고 생각했어."

아니면 이런 말이 더 익숙한가?

"나는 음악가(혹은 요리사나 치료사, 수의사, 사업가, 증권 거래인, 선생님, 드러머)가 되고 싶었지만 부모님이 반대하셔서 꿈을 접었어."

방해받지 않는 삶을 원한다면 일을 하나님이 의도하신 대로 적절하게 다룰 수 있어야 한다. 하지만 쉽지는 않다. 일단 일을 시작하면 자신에게 맞지 않아도 계속해서 하기 쉽다.

예전에 자주 가던 식당이 있다. 그곳에 갈 때마다 같은 직원이 서빙을 하곤 했다. 그는 젊고 활기 넘치고 야망이 큰 친구였다. 그는 자신이 원하는 방향으로 가기 위해 필요한 돈을 열심히 모으는 중이었다. 최근 거의 10년 만에 그 식당에 다시 들렀는데 누구를 보았는지 아는가? 그 직원이 아직도 식당을 지키고 있었다. 그는 나를 기억했고, 나는 그가 내내 이야기했던 계획을 기억했다. 그가 말했다.

"그러고 싶었는데 여기 봉급이 꽤 괜찮아서요. 공과금도 내야 하고요."

예전에는 목적의식으로 불타올라서 식당에서 거의 날아다니던 그였다. 자신이 무엇을 향해 노력하는지 잘 아는 청년이었다. 하지만 이제는 몹시 피곤해 보였다. 머리는 희끗하고 어깨는 축 처진 채 식당 안을 어슬렁거렸다.

인생이 힘들 수 있다. 때로 인생은 우리에게 예측할 수 없는 변화구를 던진다. 그 직원은 분명한 목적을 향해 나아가지 않고 그냥 입에 풀칠만 하려고 일했다. 그리고 그 선택은 그의 삶에 전혀 도움이 되지 않고 있었다.

방해받지 않는 사람들은 누구보다 열심히 일한다. 그들은 목적을 품고서 그 목적을 향해 열심히, 또 즐겁게 나아간다. 물론 개중에는 많은 돈을 번 이도 있고 그렇지 못한 이도 있다. 어떤 친구는 누구나 부러워할 만한 직장에서 일하고, 어떤 이는 모두가 손사래를 치는 직장에서 깊은 만족을 누리고 있다. 요지는 이렇다. 우리가 '무슨 일'을 하느냐는 무엇을 향해 노력하느냐, 누구를 위해 일하느냐, 그 일을 왜 하고 있느냐보다 덜 중요하다. 잠시 이 점을 깊이 생각하고 당신 자신에게 적용해 보라. 자, 무엇을 바꾸어야 할까?

성경에서 바울이 하나님이 상사인 것처럼 일하라고 말했음을 아는가?[1] 이는 우리 모두가 품어야 할 시각이다. 하나님은 우리가 자신의 일을, 하나님께 영광을 돌리고 그분께로 더 가까이 가며, 그분을 보여 주려는 수단으로 보기를 원하신다.

창세기에서 하나님이 처음으로 무엇을 하셨는지 생각해 보라. 하나님은 일하셨다. 창조하셨다. 우주를 위한 비전을 세우고 창조하신 뒤 그 작품의 아름다움을 평가하셨다. 하나님이 지으신 모든 피조물 가운데 인간이 으뜸이라는 사실을 생각하면 실로 신비롭고 놀랍다. 하나님은 우리가 의미 없는 노동만 하기를 원하실까? 당연히 아니다. 하나님은 우리가 무엇을 창조하고 무슨 일을 하든 그분을 보여 주기를 원하신다. 이는 달에 착륙하는 일뿐 아니라 마트 계산대에서 일하면서도 가능하다. 무언가를 창조할 때마다, 특히 하나님을 진짜 상사로 여기고 일할 때마다 당신은 옳은 길을 걷는 것이다.

무슨 일을 하는지는 중요하지 않다. 일을 하는 과정에서 어떤 사람이 되어 가는지가 중요하다. 우리의 목적은 일하는 동안 점점 더 예수님을 닮아 가고 예수님처럼 행동하는 것이다.

하나님은 우리에게 일할 욕구를 불어넣으셨다. 우리는 인생에서 많은 시간을 차지하는 이 일이라는 영역을 중심으로 정체성을 형성한다. 그래서 기존 계획을 뒤엎기가 두렵다. 마치 높은 다이빙 도약대 끝에 서서 완전히 얼어붙어 뛰어내리지 못하는 상황과도 같다.

혹시 이런 상황에 있다면 당신에게 내리는 처방은 어려우면서도 간단하다. 그냥 뛰어내리라. 그러면 적어도 자신이 원하는 모습과 목표를 향해 출발할 수는 있다. 더 이상 자신에게 맞지 않는 일에 10년 넘게 묶여 있는 것보다 훨씬 낫다.

어떤 이는 미래에 대한 거창한 계획을 세워 죽기 살기로 매달린다. 계획을 세우거나 헌신하는 건 전혀 문제가 안 된다. 우리 인생은 그야말로 한 치 앞도 모른다. 나는 1년 전 이 일이 좋아서가 아니라, 바로 지금 이 일이 좋아서 찾아온 사람과 일하고 싶다. 사람은 변해야만 한다.

이런 현실을 직시하고, 오히려 변화를 권장하라. 함께 일하는 사람에게 정중하게 변화를 요구하고 스스로도 변화하라. 변화는 불성실이 아니다. 부적절함도 아니다. 대부분의 사람은 목적을 찾기까지 한두 개 직업을 거쳐야 한다. 직업을 바꾸는 건 오히려 긍정적인 변화다. 우리는 변해야 한다. 인생을 제대로 살고 있다면 관심사가 발전하고 능력이 계속해서 커져야만 한다.

나는 수십 년간 낮에는 변호사로 일했고, 그 일은 아주 잘 풀렸다. 하지만 어느 시점에서 내가 예전의 나에서 많이 변했다는 사실을 깨달았다. 너무 많이 변해서 변호사라는 직업이 나에게 방해 요소가 되었다. 그래서 그만두었다. 너무 오래 고민하거나 걱정하지 않았다. 그냥 과감히 그만두었다. 코르테스처럼 배들을 불태워 버렸다.

대부분 먼저 커리어를 선택한 다음, 남은 공간에 삶을 메꾼다. 아내와 나는 먼저 삶을 선택하고 나서 그 삶을 커리어로 뒷받침하기로 결정했다. 몇 가지 좋은 아이디어는 빛을 발했고, 몇 가지 나쁜 아이디어도 성과로 이어졌다. 정말 좋다고 생각했던 아이디어 중 일부는 폭삭 망했다. 예전에는 잘되는 일을 주로 했다. 하지만 지금은 오래가기 위한(영원을 위한) 일을 한다. 미묘한 차이지만 정말 중요한 차이이다.

내가 초기에 했던 실수는 '할 줄 아는 것'만 한 것이다. 지금 나는 내가 하도록 지음받은 것들을 찾아 집중적으로 하고 있다. 그저 '할 줄 아는 것'을 버리고 '하도록 지음받은 것'을 하려면 끊임없는 변화, 분명한 목적의식, 그 목적을 이루기 위해 무엇이든 하겠다는 굳은 결단이 필요하다.

할 줄 모른다고 주저앉아 있지 말라. 더 적극적으로 시도하라. 우리가 하도록 지음받은 일을 찾으려면 끊임없이 시도해야 한다. 나는 백파이프(가죽 주머니에 몇 개의 파이프를 달아 그 주머니 속의 공기를 밀어 내면서 연주하는, 리드가 부착된 관악기. 유럽 민속 악기의 하나로, 스코틀랜드의 것이 유명하다 - 편집자) 세트를 살 예정이다. 거짓말이 아니다. 당신도 한 세트 사라. 킬트(스코틀랜드에서 남자가 전통적으로 입는 체크무늬 스커트 - 편집자)를 입은 모습이 멋져 보일 것이다. 몇 가지 시도한 뒤에 자신에게 맞지 않는다 싶으면 그때 그만하면 된다.

나쁜 직업은 자원봉사를 더 매력적으로 보이게 하고, 대학과 대학원에 가고 싶은 마음이 들게끔 한다. 나쁜 상사는 우리를 더 나은 직원으로 만들어 준다. 까다롭고 고된 직무는 같은 일을 하는 사람에 대한 연민과 관심을 가져다준다. 일에서 겪는 어려움은 우리 세계관을 다듬어 주고 무엇이 의미 있는지를 일깨워 준다. 대부분의 사람은 더 나은 커리어를 원하지 않는다. 그들은 더 많은 목적을 원한다. 좋은 소식이 있다. 하나님은 다양한 목적을 이룰 수 있다고 말씀하셨다.

당신에게 맞는 직업을 찾으라. 당신이 원하는 삶, 그리고 당신이 사랑하는 사람들에게 주고 싶은 삶과 상충하지 않는 직업을 찾으라.

어디서 살고 싶은지를 정하라. 직장에 맞추어 집을 정하지 말라. 나는 샌디에이고에 살지만 연중 한 분기는 시애틀에서 일했다. 주로 아침 일찍 비행기를 타서 시애틀까지 날아가 일하고 저녁에 집으로 돌아와 가족과 저녁 식사를 했다. 우리 아이들은 중학교에 가서야 내가 집에서 한참 먼 우리나라 끝자락에서 일한다는 사실을 알았다. 하루는 녀석들이 저녁을 먹다 말고 놀라서 말했다.

"아빠, 시내에서 일한다고 하셨잖아요."

"맞아. 시내에서 일해." 나는 씩 웃어 보였다.

내가 법률 회사를 차리기 전에는 남의 회사에서 사원으로 일했다. 아이들이 어릴 때는 하루가 매우 단순했다. 녀석들을 배불리 먹이고 입히고, 난로에 손을 대지 않게 하며, 금붕어 어항을 쏟지 않게 하면 됐다. 아이들이 점점 커서 걷고 말할 줄 알게 되면서 삶이 정말 재미있어졌다. 아이들과 이야기도 많이 하고 장난도 많이 쳤다. 아이들과 자주 어울리고 싶었고, 아이들도 나와 많은 시간을 보내고 싶어 했다.

그러던 초여름 어느 금요일, 내 동료 변호사 스무 명에게 이후 몇 달간 캐나다에 있는 우리 거처에서 가족과 시간을 보내겠다고 선포했다. 그들은 나를 정신 나간 사람인 양 쳐다봤다. 다들 고개를 절레절레하며 회사 휴가 방침을 상기시켜 주었다. 그 회사는 10년을 뼈 빠지게 일하면 15분 쉴 수 있는 곳이었다.

그들과 입씨름하지 않았다. 그날 월요일 아침, 나는 회사가 아닌 캐나다에 가족과 함께 있었다. 농담이 아니다. 두 달 뒤 나는 다시 회사로 돌아왔다. 세상에 그보다 더 화난 사람들은 보지 못했던 것 같다. 이듬해 여름 내가 똑같은 짓을 하기 전까지는. 과연 이 행동을 무책임하다고 할 수 있을까? 그럴지도 모른다. 하지만 사랑하는 가족과의 시간을 놓치는 건 그보다 더 무책임하다.

명심하라. 나는 내 가족이 필요하고, 당신도 가족이 필요하다. 가족에게 돈과 먹을 것만 바삐 갖다 주느라 정작 가족과 함께하는 시간은 내주지 않고 있다. 무슨 말인지 알겠는가? 그것은 나를 내주는 것이 아니다. 가족과 함께하는 시간을 뒤로 미루지 말라. 그러다간 평생 함께하지 못한다. 언제나 가족을 우선시하라. 당신이 나이가 들면 가족이 당신 곁에 있을 것이다.

어떤 이는 회사에서 잘하고 어떤 이는 가정에서 잘한다. 둘 다 잘해야 한다. 동시에 다양하게 해 보라. 위험한 모험도 해 보라. 나는 실수로 눈썹을 몇 번이나 태워 먹었다. 의미 있는 일, 이타적인 행동도 하라. 가족들의 마음을 잘 가꾸어 주면 굳이 가훈 따위는 필요하지 않다. 가정에서 경험하는 모든 선함과 아름다움과 자유를 일터로 옮겨 가라. 남들이 우리 아이들에게 아버지가 뭘 하냐고 물으면 그냥 씩 웃고만 만다. 아직도 아이들은 내가 무엇을 하는지 여전히 알아내는 중이다. 어디 나만 그런가? 사실 우리가 다 그렇다.

커피숍에서 설탕 대신 타라고 주는 작은 꿀 스틱을 아는가? 꿀 스틱 하나는 약 열두 마리 벌이 평생 작업한 결과물이다. 자신의 목적에 집중하는 사람들은 자기 벌통만 챙기지 않는다. 얼마 되지 않는 꿀을 다른 벌통 위에 얹으면서 영원히 지속되는 일에 참여한다. 심지어 파라오와 함께 묻힌 꿀도 여전히 달다. 나는 바로 이런 유통기한을 가진 일에 온몸을 던지고 싶다. 목적과 기쁨은 언제나 오래간다. 반면, 방해 요소는 한 주를 넘기지 못한다.

삶 속에서 '영원'을 찾으려면 방해 요소를 '최대한' 없애라. 매일 새로운 무언가를 알거나 배우려고 노력하라. 세상을 바꾸는 사람들에게는 비슷한 점이 많지만 특히 한 가지 공통점이 눈에 띈다. 바로 매사에 호기심이 많다는 점이다. 대부분 지퍼가 어떻게 작동하는지, 바이올린 줄이 어떻게 소리를 내는지, 팝콘이 어떤 원리로 만들어지는지 모른다. 새로운 무언가를 배우면 새로운 삶의 길을 발견하게 될 것이다.

어떤 이들은 그냥 살아간다. 그들은 방향을 잃은 듯 또는 절망적으로 보인다. 실제 나이보다 훨씬 나이 들어 보인다. 어쩌면 호기심을 잃어 외모와 기분과 삶에 영향을 미친 탓인지도 모른다. 그들처럼 되지 말라. 무엇보다, 가장 사랑하는 사람에게 호기심을 가지라. 그들에게 가까이 다가가서 당신이 목적을 찾는 동안 그들도 목적을 찾고 싶게 도와주라. 함께 목적을 찾아가는 길이야말로 당신 인생에서 가장 아름다운 여행이 될 것이다.

무엇을 향해 갈지 분명히 알려면 꽤 많은 시간과 노력을 들여야 한다. 다음 행보를 10년 동안 생각해 왔어도 두려워서 한 걸음도 떼지 못하는가? 지난 10분간 이번 장을 읽는 동안 다음 행보를 '생각'만 했는가? 이제 머릿속에서 나와 무언가를 부지런히 할 때다. 무엇을 기다리는가?

물론 이해한다. 때로 인생은 바닥에 엎질러진 양말 서랍처럼 느껴지곤 한다. 온통 뒤죽박죽이다. 하지만 지금이야말로 운동용 양말과 다이아몬드 무늬 양말의 알맞는 짝을 찾아야 할 때다. 엠파이어스테이트빌딩을 완성하는 데 겨우 1년 하고 45일밖에 걸리지 않았다. 할 일 리스트에 넣어 놓고 또다시 1년을 기다리지 말라. 남은 인생을 지금부터 당장 쌓기 시작하라. 물론 완벽한 계획을 세우고 싶은 줄 안다. 때로는 나도 그렇다. 하지만 기억하라. 엠파이어스테이트빌딩 건축가들은 13층 짓는 동안에도 1층의 세부적인 작업을 하고 있었다.

인생은 건축과도 같다. 한 층씩 올라가면서 무엇을 지을지 변경할 수 있다. 지금의 당신은 5년 전의 당신, 심지어 5분 전의 당신일 필요도 없다. 지금부터 5년 뒤 삶을 하나님과 함께 결정하고 만들어 가야 한다. 그리고 그 일은 당신이 지금부터 5분 뒤에 하는 일에서 출발한다.

목적과 기쁨으로 충만하고 방해 요소가 적은 삶을 원한다면 새로운 설계도가 필요할지 모른다. 아무도 처음부터 완벽하지 않다. 하지만 당신이 무언가를 향해 나아가기를 멈추는 순간, 건축은 중단된다는 사실을 기억하라. 건축이 다 끝난 것처럼 살지 말고, 우리의 삶과 우리가 저 하늘로 돌아갈 때까지 사랑해야 할 사람들의 삶을 다시 건축하는 일을 시작하자.

미처 끝맺지 못한 일들이
당신을 기다리는가

대학 시절 기타를 만드는 짐이라는 남자를 만났었다. 당시 나는 북부 캘리포니아의 아카디아라는 작은 해변 도시에서 살았다. 짐은 우리 대학교에서 그리 멀지 않은 동네에서 작은 공방 겸 가게를 운영했는데, 그 공방에는 인도 쪽으로 난 작은 창문이 있었다. 그는 긴 머리에 턱수염을 기르고, 목에는 세라믹비드 목걸이를 걸고 있었다. 빛바랜 파란색 데님 재킷을 걸치고, 검솔이 달린 스웨이드 군화도 신고 말이다.

매주 나는 그 공방 창문에 얼굴을 바짝 대고서 안을 들여다 봤다. 대팻밥, 각종 도구, 매번 조금씩 완성되어 가는 현악기 보는 재미가 쏠쏠했다. 그 광경을 보노라면 고등학교 시절 목공 수업 시간과 그 시간에 배운 온갖 교훈이 생각났다.

현악기 제작자가 되는 길은 쉽지 않다. 마치 목공 분야에서 박사 학위를 받는 것만큼이나 어렵다. 수많은 연습과 인내, 창작의 열정을 필요로 한다. 적절한 도구와 재료만 보고 미래의 완성품을 그려 보고 언젠가 그 악기가 낼 소리 듣는 능력도 필요하다. 한마디로 현악 제작을 평생 업으로 삼기란 참으로 녹록지 않다. 혹시 당신에게 아름다운 삶을 일구는 재료가 있고 도구도 있는가? 하지만 바울이 말한, 하나님이 오래전 우리 안에서 시작하셨다고 한 일을 완성하려는 지식이나 경험, 교육이 부족한 사람이 많다.

하루는 짐의 공방에 들어가 보기로 마음먹었다. 내가 주저주저 문을 열자 삐거덕 소리가 났다. 내 머리 위로 옛 학교에서 쓰던 것 같은 벨이 짤랑거리며 나의 등장을 알렸다. 짐은 작업하던 악기에서 눈을 떼며 고개를 들었다. 누군가 공방에 들어왔다는 사실에 약간 놀란 눈치였다. 손님이 찾아오는 경우가 드물었던 것으로 보인다. 나를 소개한 뒤 기타 만드는 법을 가르쳐 줄 수 있는지 물었다.

"물론이네."

그는 무심코 대답하며 다시 고개를 들어서 잠깐 나를 쳐다보았다.

나는 나를 가르치면 꽤 좋은 투자임을 브리핑하려고 미리 연습해 둔 상태였다. 내가 기타 연주에 꽤 소질이 있고, 훌륭한 청년이고 한때 강아지도 키웠다는 점을 강조할 계획이었다. 그를 꽤 공들여 설득해도 어쩌면 결국 제자로 받아들여지지 못할 거고 생각했다. 나를 가르치는 게 큰 부담이라고 단칼에 거절당할 각오도 했다. 그런데 짐의 너무나 빠른 승낙에 나는 할 말을 잃었다.

"정말요?"

이 터무니없는 친절에 열광적인 반응을 보이고 싶었지만 딱히 아무런 말도 떠오르지 않았다.

"좋아, 이번 주에 다시 오게. 바로 시작하자고."

나는 장비와 대팻밥, 기타 연주를 꿈꾸며 공방을 빠져나왔다. 나만의 기타를 만들면 얼마나 멋질까 생각하니 절로 웃음이 새어 나왔다.

며칠 뒤 공방에 가니 테이블에 마호가니와 가문비나무 목재들이 놓여 있었다. 그는 그 목재들을 기타의 측면과 뒷면으로 사용하게 대패질할 거라고 말했다. 그런 다음 그는 더 큰 목재들을 사용해 기타의 넥을 만들고, 그 뒤에는 소나무로 완벽한 커브를 갖춘 기타의 바디 틀을 만들었다.

다음 주에 와서는 얇은 나무들이 휘도록 물에 적신 다음 미리 제작한 틀에 구부려서 넣고, 영구적으로 형체를 갖추도록 단단히 고정했다. 몇 주 뒤 우리는 보강목을 더하고, 뒤판을 붙이고, 가문비나무에 사운드 홀을 뚫은 뒤 틀 위에 올려놓았다. 이 과정을 마친 다음, 줄을 고정할 새들(기타 브리지 위에 줄을 고정하는 부분-편집자)을 만들고, 줄을 제자리에 잡아 줄 브릿지 핀을 만들려고 작은 나무 조각에 샌드페이퍼 질을 했다.

그런 다음 짐은 넥과 헤드 형태 잡는 법을 보여 주었다. 이제 거의 완성 단계였다. 여기까지 대략 6개월가량이 걸렸다. 하지만 당시에는 눈 깜짝할 사이에 지나간 듯 느껴졌다. 그 사이에 짐과 나는 꽤나 친해졌다. 드디어 기타를 완성하는 마지막 작업만 남았다. 프렛보드만 만들면 끝이었다.

공방을 나설 때마다 내 손가락이 넥을 따라 위아래로 춤을 추다가 프렛에 완벽히 착지하는 동안 내가 손수 만든 기타에서 흘러나오는 음악에 스스로 심취하는 순간을 상상했다. 이 작품을 어서 완성하고 싶어서 마지막 학교 수업까지 빼먹기로 마음먹었다.

그런데 안타깝게도 그 주에 짐이 몸이 몹시 아팠다. 나는 크게 실망했지만 포기할 생각은 없었다. 그러다가 나도 옮아 기타

완성은 다시 한 주 뒤로 미뤄졌다. 나를 잘 아는 사람들은 다 내가 한번 아프면 심하게 앓는다는 걸 안다. 나는 세상과 단절된 채 어두컴컴한 방에서 신음하며 데굴데굴 굴렀다. 그 안타까운 상태에서 대학 마지막 수업도 진행되었고, 내가 회복될 즈음에는 모두가 여름방학을 맞아 기숙사를 박차고 나갔다. 기말고사 본 기억은 없는데 낙제하지는 않았다.

그 뒤로 짐의 공방을 몇 번 더 찾아갔지만 매번 타이밍이 좋지 않았다. 짐은 계속 보이지 않았고, 결국 나는 현악기 제작자로 살면서 노숙을 하든지 무언가 직장을 얻어 월세를 내야 한다는 걸 깨달았다. 그래서 남부 캘리포니아로 이사해 직장을 얻었고, 구두쇠처럼 돈을 모아 서핑보드도 샀다. 결국 그 기타의 프렛보드는 완성하지 못했다. 방해 요소들에 마음이 흐트러진 결과였다.

얼마 전 우리 집 다락방에 올라갔다가 낡은 기타 케이스를 발견했다.

'누가 이걸 놓고 갔지?'

다 자라 집을 떠난 아이들이 좋고 갔겠거니 생각하며 케이스를 열었는데, 안에는 프렛보드가 없는 나무 기타가 놓여 있었다. 그동안 완전히 잊고 있던 기타. 손가락, 발가락 다 동원해서 세 보니 이 미완성 기타 나이가 무려 42세였다. 그 많은 시간 나는 무얼 하고 있었나? 마치 내가 립 밴 윙클(Rip Van Winkle)이 된 것처럼 느껴졌다. 한잠 자고 일어나니 기다란 턱수염이 나 있고, 어느새 결혼해서 새 자녀를 낳았으며 두 가지 커리어가 있었다.

그토록 열정을 품으며 만들었던 기타였다. 그런데 거의 완성 직전에서 멈추고 말았다. 그 기타가 내게 중요하지 않았던 것은 결코 아니다. 그 기타와 나 사이에 서서히 다른 것들이 끼어들었다. 이런 일은 우리 모두에게 다양한 방식으로 일어난다. 방해 요소는 직업, 관계, 학교, 이사, 자녀, 은퇴의 형태로 찾아온다. 의식적으로 미루는 건 아니다. 다만 그때그때 상황에 맞춰 어쩔 수 없이 따라갈 뿐이다.

먼지 자욱한 기타 케이스를 다락에서 갖고 내려와, 교훈으로 삼으려고 현관 옆에 두었다. 이제 내게 42년의 세월은 남아 있지 않았다. 더 이상 방해받고 싶지 않았다. 다음 날 나는 프렛보드 완성을 도와줄 사람을 물색했고, 제드라는 사람을 찾았다. 제드는 왕년에 그룹 두비 브라더스에서 연주했을 법하게 생겼다. 그를 보니 몇십 년 전 이 작업을 시작하게끔 도와주던 짐이 생각났다. 젊은 날의 내가 이 기타를 만들기 시작할 즈음, 짐은 지금의 나처럼 노인이었다. 나는 기타를 제드의 공방에 가져갔다. 그는 케이스에 든 미완성 기타를 보더니 넥을 잡고 꺼내면서 말했다.

"나쁘지 않네요. 거의 다 만들다가 말았군요."

"네, 맞습니다."

예전 같으면 창피해서 완성하지 못한 이유에 대해 온갖 변명을 늘어놓았을 것이다. 하지만 제드의 낙관적인 말에 용기를 얻었다. 그리고 세월의 흐름에서 무언가가 달라졌다. 이제 나는 완성하지 못했다고 변명하지 않았다. 대신, 옛꿈을 되찾아 완성하려는 열정에 다시 불을 붙였다. 다만 완성을 도와줄 사람이 있어야 했다.

어느 날 예수님은 하나님 아버지와 말씀을 나누셨고, 우리에게 그 대화를 엿듣게 허락하셨다. 예수님은 일을 완성함으로 아버지께 영광을 돌렸다고 말씀하셨다. 여기까지가 내가 이해할 만한 수준의 신학이다. 예수님처럼 하나님께 영광을 돌리려면 그분이 당신에게 맡긴 일을 완성하라. 아직 쓰지 못한 곡이 있는가? 그 일을 완성하라. 마음속에 책이 있는데 글쓰기를 차일피일 미뤄 왔는가? 바로 지금 펜을 들라. 틀어진 관계를 바로잡으려는 힘든 대화를 미루고 있는가? 당장 전화를 걸라. 더 이상 맞지 않는 일에 묶여 있는가? 미루지 말고 그만두라. 당신만의 일을 완성하라. 다가가고 싶은 사람이 있는데 차마 다가가지 못하고 있는가? 내가 기타를 완성하지 못했던 것처럼 시작만 하지 말고 끝까지 완성하라.

마침내 과감하게 한 발 내딛도록 도와줄 사람이 필요한가? 안전한 친구나 지혜로운 상담자, 가족, 믿을 만한 목사, 혹은 타이어 가게 남자를 찾아가라. 인내와 경험 혹은 당신에게 없는 불타는 창작 욕구를 지닌 사람을 찾으라. 일을 완성하는 사람을 찾아서 가까이 지내라. 당신 길을 가로막고 방해해 온 것들을 찾아서 제거하라. 하나님을 영화롭게 하려면 그분이 허락하신 일을 찾아서 끝까지 완성하라.

강연회가 열리는 도시로 이동하려고 샌디에이고국제공항에 도착했다. 나는 매일같이 강연장에 가거나 집에 가기 위해 공항에 간다. 그 때문에 공항 발권 수속 직원들과 친해졌다. 내가 집까지 데려다준 적도 있고, 생일이나 졸업식 같은 중요한 날 함께 축하도 했다. 그중 몇 사람은 국제 입양 과정을 도와주었고, 자동차나 룸메이트 문제를 해결해 준 적도 몇 번이나 된다. 그들은 내가 도착하면 "G 씨"라고 부르면서 내가 바로 집어가게끔 발권 수속대 카운터 위에 내 비행기 탑승권을 올려놓곤 한다. 그날은 공항에 도착하니 시간이 빠듯했다. 평소에 서두르는 편이 아니지만 이번에는 아무래도 늦게 생겼다. 비행기를 절대 놓쳐서는 안 되니 마음이 조급해졌다.

나는 재빨리 보안검색대를 통과했다. 뭐, 그다지 놀라운 일은 아니다. 발권 수속대와 마찬가지로 보안검색대에서도 늘 동창회처럼 낯익은 얼굴을 만난다. 사실, 금속 탐지기를 통과할 때

내 미키 마우스 시계 푸는 걸 자주 잊어서 왼쪽으로 끌려가 온몸을 수색받곤 한다. 나는 어색한 웃음을 지으며 호주머니를 다 까뒤집는다. 이들이 막대기로 내 몸을 훑고, 반쯤 쓰다 만 책과 루빅큐브, 간식, 다양한 강연 소품이 가득한 내 가방을 샅샅이 뒤지고 나서야 게이트로 향했다.

보안검색대를 통과하자마자 너무 늦었다는 생각에 탑승 게이트를 향해 냅다 뛰어갔다. 그런데 게이트에는 이상한 분위기가 가득했다. 게이트 근처에 수많은 사람이 몰려 있었지만, 아무도 이동하는 사람이 없었다. 중앙 홀 주변 위아래를 둘러보니 다른 모든 게이트도 같은 상황이었다. 사람들에게 물어봐도 무슨 일인지 아는 사람이 아무도 없었다.

당분간 공항에 어떤 비행기도 들어오거나 나가지 않을 거라는 안내 방송이 드디어 흘러나왔다.

"적절한 안전 조치를 취하는 동안 전면 이륙 금지 조치가 발동되었습니다."

활주로의 네온 불빛이 깜박였다. 모든 비행이 취소되었고, 30대 이상 되는 비행기가 착륙하기 위해 다른 도시로 회귀했다. 공항은 난장판으로 변했다.

길고 긴 10분이 지나고 공항 전역에 비행 취소 경보가 퍼졌다. 이 조치를 이해하려면 샌디에이고공항이 어디에 위치해 있는지 알아야 한다. 이 공항은 동쪽으로 발보아 파크, 남쪽으로

도심 지역의 마천루들, 서쪽으로는 포인트 로마 사이에 자리해 있다. 다시 말해, 인구가 밀집된 도심 지역 한복판에 있다. 이런 주변 지형 탓에 비행기는 낮은 고도로 날면서도 사람이 많은 아파트와 쇼핑몰을 피해서 운행해야 한다. 나도 비행기를 몰고 샌디에이고공항에 착륙한 적이 있는데 2번 활주로 진입로는 처음 비행하는 조종사에게 꽤 까다로울 수 있다. 꼭 비행기 날개가 건물 지붕을 스칠 것만 같다.

이 모든 사태의 진원지를 알고 보니 공항 동쪽에 있는 아파트에 고성능 소총을 소지한 총기 난사범이 있었다. 다시 말해, 비행 경로에 저격수가 있었다. 다섯 시간 동안 대치가 이어졌다는 사실을 나중에 알게 되었다. 많은 총격이 오간 뒤에야 대치가 끝났고, 그 사이에 내가 참석하려던 강연회도 끝났다. 이럴 거면 집에서 아내와 조금 더 함께 있을 걸 그랬다.

당신에게 묻고 싶다. 당신이 어딘가로 가는 동안 누가 혹은 무엇이 저격수인가? 방해 요소를 찾으면 그것을 통과하거나 우회하거나 멀어져서 앞으로 나아갈 방법을 찾게 된다. 저격수 한 명에 공항 전체가 마비되었다. 우리는 이 상황을 충분히 이해한다. 하지만 우리가 허용한 방해 요소 하나가 인생을 완전히 마비시킨다면?

무엇이 당신을 이 땅에 묶어 놓고 있는가? 직업? 관계? 혹은 실패? 그로 인해 무슨 손해를 입고 있는가? 당신의 창의성? 후한 나눔의 기회? 다시 모험할 용기, 솔직하고 진정한 관계 속으로 뛰어들 수 있는 용기가 혹시 저격수의 총탄에 맞았는가?

명심하라. 당신 쪽으로 방해하는 총탄이 날아오고 있다. 그 총탄은 매일 실망, 불안감, 실패, 대외적으로 드러난 작은 문제나 드러나지 않은 사적인 문제로 날아온다. 저격수가 무엇이든 당신 삶에 숨어 있다가 나중에 또 다른 형태로 튀어나올 것이다. 그럴 때 놀라서 정신을 놓지 말고 미리 대비하라. 미리 계획을 세우지 않으면 이런 방해 요소가 우리 삶을 쑥대밭으로 만들 것이다. 이것들을 용인하거나 그 존재를 무시하면 우리 삶이 마비될 수 있다.

오래전 바사(페르시아)에서 유대인을 다스리던 아닥사스다왕이 있었다. 그는 바사제국 초기에 유대인과 갈등을 일으키는 폭군이었지만, 어느 순간 이해하기 힘든 마음의 변화로 유대인을 호의적으로 대했다. 이 모든 일이 벌어질 당시 느헤미야는 아닥사스다왕의 신하였다. 정확히는 왕의 술관원이었다. 당시 술관원은 왕궁의 특별한 직책이었다. 왕에게 올릴 포도주를 미리 맛보는 일을 맡았는데, 그리 나쁘지 않은 직업이다. 누군가가 왕을

독살하려고 술에 독을 타기 전까지는 말이다.

느헤미야는 왕의 생명을 맡은 심복인 동시에 그는 왕의 종이었다. 이상한 조합이지만 많은 사람이 흔히 하는 타협이다. 예루살렘은 큰 도시였다. 역사책을 읽어 보면 예루살렘은 항상 갈등의 중심에 있었고, 지금도 마찬가지다. 예루살렘은 두 번이나 초토화됐고, 75번 이상 공격받았으며, 정복당했다가 탈환되기를 반복했다. 한 집단이 침공해 와서 파괴하고 정복하면, 얼마 뒤 또 다른 집단이 몰려와 똑같은 짓을 했다. 예루살렘성을 마지막으로 정복한 집단은 (또다시) 성벽을 허물고 성문을 불태웠다.

예루살렘을 향한 사랑이 남달랐던 느헤미야는 왕에게 왕궁을 떠나 성을 재건하는 데 손을 보태게 해 달라고 간청했다. 종으로서는 목숨을 건 요청이었다. 하지만 왕은 그를 믿었고 흔쾌히 휴가를 허락했다.

해야 할 일이 많았지만 느헤미야는 생각만 하지 않고 팔을 걷어붙이며 현장으로 나아갔다. 얼마 있지 않아 어떤 사람이 그를 방해하려고 했다. 그들은 느헤미야를 욕하고, 비열한 말과 협박을 일삼았다. 그가 하려는 일을 어떻게든 그만두게 하려고 했다. 그때 그가 보여 준 결단력 있는 행동을 당신도 본받기 바란다. 그는 자신을 욕하는 자들에게 선언했다.

"나는 중요한 일을 하고 있다. 내려가지 않겠다!"

상황을 분별할 줄 알았으며, 자신이 하려는 바가 무엇인지 분명히 알고 있었다. 그리고 그 어떤 방해에도 그만둘 생각이 없었다.

또 다른 집단이 느헤미야 소식을 듣고 그 일을 그만두게 하려고 모든 수단을 동원했다. 하지만 이번에도 통하지 않았다. 느헤미야는 성벽 위에 벽돌 올리는 일을 멈추지 않은 채 아래 있는 사람들에게 외쳤다.

"나는 중요한 일을 하고 있다. 내려가지 않겠다!"

느헤미야의 외치는 모습이 눈에 선하다. 고개를 숙이고 집중하는 모습, 자신감 넘치는 얼굴, 주변의 어떤 소음에도 넘어가지 않는 결단력. 느헤미야는 방해의 힘을 잘 알았다. 특히 하나님이 주신 더 큰 목적을 방해하는 힘을. 그는 이런 방해 요소가 올 줄 미리 알고서 할 말을 정해 놓았다. 우리는 그에게서 바로 이 점을 배워야 한다.

"나는 중요한 일을 하고 있다. 내려가지 않겠다!"

혹시 현장에서 두 번 생각할 필요 없이 거울을 보며 수없이 연습하지 않았을까? 당신도 그렇게 하라. 방해 요소가 찾아오기 전에 이렇게 선포하는 것을 연습하라.

"나는 중요한 일을 하고 있다. 내려가지 않겠다!"

느헤미야에게 이 말은 단순한 슬로건이 아니었다. 이 말을 뒷받침할 전략과 계획이 있었다. 그와 함께한 사람 중 절반은 예루살렘 성벽을 재건했고, 나머지 절반은 그를 보호했다.

당신에게 몇 가지 질문을 더 던지고 싶다. 당신의 길을 막는 사람들, 더 큰 목적을 추구하지 못하도록 작당하여 방해하는 사람에게 뭐라고 말할 것인가? 그들과 주변 소음을 향해 "나는 중요한 일을 하고 있다. 내려가지 않겠다!"라고 말할 용기와 배짱이 있는가? 느헤미야는 그 일을 홀로 완성할 수 없었다. 당신도 마찬가지다. 당신이 중요한 일을 할 때 누가 든든한 백이 되어 줄 것인가? 당신이 내려갈 수 없을 때 중요한 일에만 매진하도록 누가 도와줄 것인가?

성벽 재건 현장 근처에는 "오, 노!"(Oh, No)와 똑같은 발음의 오노 골짜기가 있었다. 농담이 아니다. 설마 내가 지어냈겠는가. 느헤미야를 찾아온 사람들은 단순히 그를 방해하려 하지 않았다. 아예 성벽에서 끌어내리고자 그를 "오, 노!" 골짜기로 유인했다. 필시 당신도 삶 속에서 "오, 노!" 골짜기에 가 본 적이 있을 것이다. 주변 사람의 우려 섞인 말을 들은 적이 있을 것이다.

"이건 어떤가요?"

"오, 노!"

"저건 어떤가요?"

"오, 노!"

이 골짜기에 들어가기 직전인가? 아니, 이 골짜기 아래서 오랫동안 살아왔는가? 아직도 과거의 실패로 인한 두려움을 떨쳐 내지 못하고 있는가? 미래에 관한 걱정으로 나아가지 못하고 있는가?

지금 "오, 노!" 골짜기에 있는가? 아니면 그 골짜기에 가 본 적도 없는가? 하지만 필시 당신 삶에도 그 골짜기로 오라고 손짓하는 이들이 있을 것이다. 그들을 찾기는 쉽다. 좋은 아이디어를 들으면 첫 반응이 항상 이렇다.

"오, 노! 가능성이 없어. 되지도 않을 걸 뭐 하러 시도해? 그냥 포기해! 시간 낭비야. 좀 현실적으로 생각해."

늘 "오, 노!"의 상태에 있는 사람들은 이런 부정적인 말을 달고 산다. 그들처럼 되지 말라. 겁을 줘서 아름답고 영원한 목적을 잃게 만들려는 사람과 제발 어울리지 말라.

항상 스스로 되뇌라.

'나는 중요한 일을 하고 있다. 내려가서는 안 된다.'

지금 당장 눈앞의 일에 계속해서 집중하도록 도와줄 친구를 찾으라. 우리는 여론을 만들거나 이력을 쌓으려고 이 세상에 있는 것이 아니다. 우리는 하나님 나라를 건설 중이다. 당신 삶은 다른 사람과 똑같지 않다. 삶이라는 벽에서 재건해야 할 틈과 구멍을 찾으라. 틈과 구멍을 메울 때까지 끝까지 그 일을 감당하고, 도와줄 친구를 찾으라.

매주 당신의 삶을 산만하게 흐트러뜨리는 방해 요소가 무엇인지 점검하라. 당신이 목적을 향해 가는 길에서 당신을 끌어내는 사람과 상황을 쫓아내라. 임무를 끝까지 완수하도록 자신을 보호할 계획을 실행하라. 온갖 방해 요소가 찾아올 때 어떻게 할지 미리 계획하라. 목적에 다시 집중하려는 방법을 마련하라. 주변 방해 요소의 소리에 귀를 기울이지 말라. 당신이 중요한 일을 하고 있고 절대 내려올 수 없다고 계속해서 되뇌라. 지속적인 되뇌임을 해야 영원한 무언가를 세울 수 있다. 그래야 방해받지 않는 상태를 유지할 수 있다.

방해받지 않는 삶,
단순한 삶, 위대한 삶

이 책을 읽으며 끝까지 모험을 함께해 주어 고맙다. 우리는 꽤 멀리까지 걸어서 같이 결승선을 넘었다. 물론 당신이 방해 요소에 정신 팔다가 이 책을 택시나 비행기 좌석에 놓고 내리지 않았다면 말이다. 이 책에 당신이 밑줄을 긋거나 모서리 접은 부분을 다시 보기를 바란다. 여백에 메모했다면 왜 그랬는지 기억해 보라. 잠시 이 책과 함께 걸어온 길을 돌아보는 시간을 가져보

라. 어떤 이야기가 마음에 와닿았는가? 몇 페이지에서 당신 자신을 보았는가? 어떤 개념에 고개가 끄덕여졌는가? 삶의 어떤 영역에 열정을 다하기로 결심했는가?

명심하라. 단순히 머리로 수긍만 해서는 삶은 거의 변하지 않는다. 오직 행동만이 변화시킬 힘이 있다. 생각하고 계획하고 고민하는 것은 이제 그만하라. 그냥 시작하라. 해야 할 일 목록은 신출내기를 위한 것이고 행동은 방해받지 않는 자들의 것이다. 뭐든 계획을 세워서 하는 스타일이라면 더 강한 목적의식과 열정으로 살고, 부족한 집중력을 기를 계획을 세우라. 삶 가운데 흐르는 물이 포도주로 바뀌는 역사를 경험하라.

새로운 것을 시도하다 실패해도 너무 자책하지 말라. 명심하라. 하나님은 당신을 기뻐하시며, 당신이 그분을 기뻐하도록 창조하셨다. 당신이 시도하는 일 중 두어 가지는 성공할 것이고, 실패는 더 많을 것이다. 하지만 그 결과에 따라 당신의 가치가 오르락내리락하지 않는다. 그 결과가 당신의 인격을 평가하는 기준은 아니다. 어쩔 수 없는 실패를 경험하거든 실패에서 배워 더 분발하라. 포기하고 한탄하지 말라. 추구를 멈추지 말라.

대신 결과에 대한 집착을 버리고 그에 따른 자유를 만끽하라. 환경과 사람을 통제하지 말고 그들에게 영향을 미치는 데 목표가 있음을 분명히 인식하고 시작하라. 이러면 훨씬 덜 방해받는 삶을 살 것이다.

앤 랜더스가 유명한 말을 남겼다.

"이 세상에는 두 종류의 사람이 있다. 방 안으로 들어와 '내가 왔습니다'라고 말하는 사람 또는 방 안으로 들어와 '당신이 여기 계셨군요'라고 말하는 사람."

만나는 사람에게 "당신이 여기 계셨군요"라고 말하는 사람이 되라. 바쁜 삶의 속도를 조금 늦춰 주변에서 벌어지는 일과 당신 앞에 서 있는 사람을 주목하라.

삶에서 많은 일이 벌어지는 줄 안다. 나도 마찬가지다. 하지만 당신이 방해 요소에 정신을 팔기 전, 빨리 이 책에서 소개한 친구들과 상황이 이후 어떻게 됐는지를 알려 주고 싶다.

나는 지금도 아침마다 아내에게 노래를 불러 준다. 아내는 여전히 괴로워하며 베개를 뒤집어쓴다. 하지만 속으로는 내 노래를 좋아할 거라고 믿는다.

이라크에 몇 번이나 갔던 나지만 요즘에는 안전한 곳으로만 다니려 한다. 오크스 휴양센터에는 뛰어난 직원들과 참가자들이 끊이지 않으며, 우리 모두 이곳에서 많은 것을 배운다.

에드는 여전히 캐리 언더우드 밴드에서 리드 기타리스트로 활동하며 뛰어난 음악으로 사람들을 열광의 도가니에 빠뜨리고 있다. 나는 멀리서 구경만 하는 것이 아니라 예수님이 말씀하신 더 넓은 삶으로 초대받았다는 아름다운 진리를 매일 새롭게 기억하고 있다. 당신도 그러기를 바란다. 이제 나는 남이 받아들이지 않는다고 해서 쉽게 포기하지 않는다. 그렇다고 내 아이디어가 항상 받아들여지는 건 아니다. 나는 매일 덕트 테이프를 사용하면서 이 사실을 기억한다.

나는 나와 한방에 계신 예수님이 전보다 더 잘 보인다. 내가 살날은 예전보다 줄었지만 옳다고 여기는 뜻밖의 모험을 할 시간은 아직 충분하다. 요즘 내 심장은 강하게, 그리고 옳은 일을 향해서 아직도 뛰고 있다. 요즘도 내 책에 적은 전화번호로 전화가 많이 걸려 온다. 나는 이런 전화를 방해로 보지 않고 초대로 본다. 언제 시간 나면 전화해 달라. 내 전화번호는 (619) 985-4747이다.

지금도 매달 샌 퀜틴 교도소에 간다. 그 친구들은 여전히 내게 놀라운 선생님이고 나는 아직도 학생이다. 우리는 솔직하게 자신을 드러냄으로써 자유 얻는 법을 계속해서 배워 가는 중이다. 나는 지금도 비행을 하고 있다. 하지만 과거에 믿고 탔던 그 비행기보다 더 정비가 잘 된 비행기만 탄다. 매번 GUMPS 점검을 한다. 다른 문제가 생기면 날개를 수평으로 해서 고도를 올리고 나침반에 따라 비행할 것이다. 당신도 그러면 목적지에 이를 수 있을 것이다.

내 삶에는 다루기 힘든 사람들이 여전히 있다. 필시 당신에게도 있을 것이다. 이제 나는 생나무가 아니라 마른나무를 태울 것이다. 손자가 곧 유치원에 들어간다. 녀석이 얼마나 오래 버티는지 두고 볼 것이다. 최소한 나보다 하루는 더 버텼으면 하는 바람이다. 내 삶 속의 이야기들이 어디서 온 것이며, 이 이야기들을 뒷받침하려면 어떤 규칙을 만드는지, 더 참되고 아름답고 새로운 이야기를 어떻게 찾을지 여전히 스스로에게 끊임없이 묻고 있다. 이렇게 하면서 예수님께 내 불신을 도와주시고 내 허리를 붙잡아 올려 달라고 요청하고 있다.

공항에서 차를 탈 때 예전보다 조금 더 조심한다. 예수님을 연구하기보다는 그분을 따르는 데 더 많은 시간을 보내고 있다. 그렇게 하는 동안 내 마음을 지키려 노력 중이다.

존과 린지에게 아들이 생겼다. 리처드와 애슐리에게도 아들이 생겼다. 애덤과 케이틀린은 결혼식을 올렸다. 중요한 건 가계도의 높이가 아니라 뿌리의 깊이다.

여전히 에프림은 빠른 말이 더 빠르게 달리도록 훈련시킨다. 레드는 늘 내가 주는 당근을 먹으려고 마구간으로 돌아온다. 검정 꼬리를 지닌 갈색 말은 새끼를 낳았다. 우리는 그 망아지를 빠르게 달리도록 훈련시키고 있다. 켄터키 더비에서 녀석을 쉽게 찾을 수 있을 것이다. 풍선이 붙어 있고, 기수는 나와 똑같은 몸짓에 똑같은 머리칼 색깔일 테니까 말이다.

빌은 계속해서 암과 용감한 사투를 벌이고 있다. 그는 지팡이로 싸우고 있다. 로리도 여전히 그 옆에 서서 아주 큰 막대기를 휘두르고 있다. 둘 다 깊고 뜨거운 사랑이 가득하다.

오보모는 법대를 졸업해서 우간다에서 변호사 될 준비를 하고 있다. 그곳에서 법률 서비스가 필요하다면 다른 사람에게 전화를 걸어 주길 바란다. 오보모는 아직 배우는 중이다. 우리는 더 이상 콩고에 낙하산이 달린 카메라를 떨어뜨리지는 않지만 그곳에 여러 학교를 세웠다. 화산이 학교 한 곳을 집어삼켰다. 화가 머리꼭지까지 올라온 우리는 학교를 세 곳이나 더 세워 버렸다.

요즘은 말하는 것을 조심하려 노력한다. 내가 공포탄을 쏘는 것이 아니며, 내 말이 큰 상처를 입힐 수 있다는 사실을 늘 기억하려고 한다. 지금도 어디를 가나 훈장을 갖고 다닌다. 아이티 남자에게 하나 달아 주려 한다. 당신도 실패한다면 당신을 위해서도 하나 남겨 놓겠다. 우리에게 필요한 건 10억 달러 수표가 아니라 한 푼어치의 은혜다.

지금도 말을 타고, 이따금씩 넘어지며, 말을 쫓아다니기보다는 마구간으로 돌아간다. 피노키오처럼 용감하고, 진실하고, 이타적인 삶을 살며, 더 진짜가 되어 가려고 노력 중이다. 20초 간의 무지막지한 용기와 평생에 걸친 노력이면 된다.

내가 나눈 이야기를 들으며 내가 심한 분리불안을 앓고 있다는 걸 알았을 것이다. 나는 작별을 지독히 싫어한다. 이 증상은 내가 지어낸 이야기의 잔재다. 그 이야기는 내가 사랑하는 사람이 나를 떠나서 돌아오지 않을 것이라는 내용이다. 하지만 내 안에서 무언가가 변했다. 내가 이 거짓된 이야기를 다시 썼기 때문이다. 이제 나는 우리가 영원히, 아니 그보다 더 오래 함께할 거라고 생각한다.

예수님은 내가 지금 당신에게 하는 것처럼 친구들에게 작별을 고할 준비를 하면서 말씀하셨다.

"평안을 너희에게 끼치노니 곧 나의 평안을 너희에게 주노라. 내가 너희에게 주는 것은 세상이 주는 것과 같지 아니하니라. 너희는 마음에 근심하지도 말고 두려워하지도 말라."[1]

조금 달리 표현하면, 하나님 안에서 평안을 찾고, 세상 속에서 당신의 자리를 찾고, 현재 있는 자리를 지키려 최선을 다하라. 젖 먹던 힘까지 다해 방해를 거부하라.

톰 소여 섬에서 보자.

밥.

감
사
의
말

　감사의 말을 쓰는 시간은 언제나 즐겁다. 이 책의 마지막 축하이자
피날레로, 밤하늘에 마지막 불꽃을 쏘아 올리는 것과도 같다. 여보, 우
리가 해냈소. 우리가 또다시 책 한 권을 완성했소. 아내가 이 이야기의
일부가 아니었다면 내가 이 책에서 쓴 글은 하나도 의미 없을 것이다.

　책 한 권을 쓰려고 마을이 필요하지는 않다. 하지만 멋진 가정과
몇몇 헌신한 친구들이 필요하다. 나를 평생 지원해 주고 전할 이야기
를 제공해 준 린지, 존, 리처드, 애슐리, 애덤, 케이틀린, 그리고 여러 친
구들에게 감사한다. 이들은 계속해서 나의 선생이자 나를 이끌어 주는
빛이다. 이들의 적극적인 태도와 후한 사랑이 없었다면 분명 나는 극
심하게 방해받는 삶의 길을 계속해서 걸어갔을 것이다.

　내 삶을 가능하게 하고 내 꿈을 이루게 해 주신 아버지에게도 감
사한다. 아버지가 내 이웃이라도 정말 좋다.

　용감한 '러브더즈' 팀과 전 세계 후원자들, 그리고 아프가니스탄,
소말리아, 우간다, 네팔, 인도, 우즈베키스탄, 콩고민주공화국, 도미니
카, 아이티에 있는 우리 학생과 직원들에게 감사하다. 이들의 담대한

리더십은 모든 것을 변화시킬 것이다. 이들은 계속해서 진정 놀라운 사랑을 세상에 쏟아 내고 있다.

스테판, 브렌다와 그녀의 아름다운 가정, 부바와 신디 부부, 케빈과 그웬 부부, 톰, 스테이시, 우리 가족, 미셸 벨체크와 그의 팀, 수십 년 동안 금요일 아침 나와 만나 온 남자들에게 감사하다. 내 시계가 계속 가도록 해 주는 릭 파커에게 감사한다. 내 꿈 중 하나를 실현시켜 준 알라와이항의 부두 책임자에게 소리 높여 감사하고 싶다.

수십 년 동안 내게 꼭 필요한 지원과 격려를 끊임없이 제공해 준 조디, 그리고 애니와 드루를 비롯한 '러브더즈'의 나머지 팀원에게도 감사한다. 내가 물에 빠질 때마다 건져 준 밥 잉크 팀에도 감사한다. 나를 위해 부단히 애써 준 베키 굿나잇, 조던 크레이그, 스테파니 웨슨, 베카 필립스, 사바나 포타피, 패트릭 도드, 스콧 쉼멜, 존 리치몬드, 타일러 올포드에게 감사한다. 이들과 만난 수많은 사람이 사랑받는 느낌을 받고 갔다. 이들은 그만큼 사랑을 잘한다.

내 친구이자 협력자인 킴 스튜어트, 테일러 휴이스, 메간 티비츠, 제이 데사이에게도 감사한다. 버스로 여행하고, 이들을 졸졸 따라다니고, 이들 책과 마술 도구 가방을 나른 시간은 세상에 다시없을 기쁨이었다. 이들은 놀라운 재능으로 세상에 말할 수 없이 큰 희망과 기쁨을 전해 주었다.

이런 프로젝트가 결승선을 넘어 멋진 결과물을 얻으려면 흔들림 없는 출판 팀이 필요하다. 내 원고가 지독히 늦었는데도 부지런히 뛰어 무사히 책으로 펴내 준 토머스 넬슨(Thomas Nelson) 팀 전체에 감사한다. 커버 디자인에 대해 팀 폴슨, 스테파니 트레스너, 크리스틴 골든,

287

제니퍼 스미스, 제인 맥키버, 클레어 드레이크, 다니엘 마스, 레이첼 톡스테인, 프로세스 크리에이티브 팀과 리처드 고프에게 말할 수 없이 감사하다.

모든 책의 집필에서 나의 든든한 조력자가 되어 주고 이번에도 내 글을 훨씬 멋지게 다듬어 준 브라이언 노먼에게는 감사하다는 말을 몇 번이나 해야 할지 모르겠다. 노먼의 지문은 워터마크처럼 이 책 모든 페이지에 존재한다. 나의 신앙을 더 깊이 이해할 수 있게 도와준 그의 우정에 감사한다.

오크스 휴양센터와 우리 승마센터 팀에게서 많은 것을 배웠다. 이 장소를 꿈꾸고 함께 탄생시켜 준 마일스 애드콕스·베네사 애드콕스 부부뿐 아니라, 제이미 컨 리마와 파울로 리마에게도 감사한다. 오크스에서 사랑을 실천해 준 팀원에게도 감사한다. 제시카 슬라마가 이끄는 주방 팀의 애덤 고프·케이틀린 고프 부부, 나의 아내, 저스틴, 스테파니 보이스·엘리 보이스 부부, 애니 비숍, 매기 가레트, 제레미 워드, 에버리 윙글레버, 다시 멀리오, 벤 러브에게 감사한다. 잠자리를 만들고 분위기를 조성해 주는 데릴 노먼, 마고 산티아고, 홀리 앤더슨, 하이디 풀런, 그리고 에프림과 르우벤 등에게 감사한다.

이들이 각자 독특한 방식으로 내 삶에 도움을 주지 않았다면 이 책은 탄생하지 못했을 것이다.

고장 난 내 심장, 기운차게 다시 뛸 수 있을까?
1. 고린도후서 3:2-3.
2. 야고보서 4:14.

우리 삶, 어쩌다 '불안의 감옥'이 되었을까
1. 로마서 7:15.

'오늘의 현실'에 충실하겠다는 결단 없이는
1. 고린도후서 12:9-10; 디모데전서 6:6-8.
2. 디모데후서 1:6.

먼지 쌓인 '프리패스'를 꺼내 들 시간

1. 누가복음 23:49.

2. Tuan C. Nguyen, "A Short History of Duct Tape," 2019년 7월 30일, thoughtco. com,https://www.thoughtco.com/history-of-duct-tape-4040012.

3. "A Short History of Duct Tape," Tuan C. Nguyen, https://www.thoughtco. com/history-of-duct-tape-4040012.

인생 망망대해, '중간 지점들'을 무시해 표류하다

1. 마태복음 6:11.

2. 고린도전서 13:13.

3. 마가복음 14:66-71.

4. 누가복음 2:41-47.

5. 누가복음 23:39-43.

6. 요한복음 20:13-17.

7. 누가복음 24:13-16.

8. 요한복음 21:4.

9. 마태복음 18:20.

10. "The Average Person Lives 27,375 Days. Make Each of Them Count," blog, JoshuaKennon.com, https://www.joshuakennon.com/the-average-person-lives-27375-days-make-each-of-them-count/.

알고 보니 나도 예수 스토커?

1. 잠언 4:23.

'진짜 믿음'을 만드는 한 끗 차이

1. "Kid Logic (2016)," 2016년 12월 16일, https://www.thisamericanlife.org/605/ kid-logic-2016.

2. 마가복음 9:24.

3. 히브리서 11:1.

4. 마태복음 14:28-29.

5. 마태복음 14:15-21.

6. 마태복음 8:23-27.

7. 원문: "하나님은 우리의 즐거움 속에서 속삭이시고 우리의 양심 속에서 말씀하시며 우리의 고통 속에서 외치신다." C. S. Lewis, *The Problem of Pain* (1940; repr., San Francisco: HarperSanFrancisco, 2001), 91. C. S. 루이스, 《고통의 문제》(홍성사 역간).

8. 야고보서 5:14.

'나'를 내주는 기적, 감사와 꿈들이 터지는 기적

1. 마태복음 26:39.

2. 요한복음 19:30.

오늘, 한 사람의 우주를 뒤흔든 당신의 한마디

1. 누가복음 6:45.

실패 경험 없이는 '보호하심의 은혜'를 알 길 없다

1. Benjamin Hardy, PhD, "23 Michael Jordan Quotes That Will Immediately Boost Your Confidence," Inc.com, https://www.inc.com/benjamin-p-hardy/23-michael-jordan-quotes-that-will-immediately-boost-your-confidence.html.

때로 못나 보여도 '진짜 나'로 서다

1. 사도행전 5:1-5.

2. "Whatever Happened to Pavlov's Dogs?" Headspace, 2013년 10월 23일, https://phdheadspace.wordpress.com/2013/10/23/what-ever-happened-to-pavlovs-dogs/.

당연한 '열린 문'이 닫혀 당황하고 낙심될 때

1. "Puritanism," Chesterton in Brief, 2021년 11월 8일 확인,https://www. chesterton.org/puritanism/.

2. Steve Wright, https://www.goodreads.com/quotes/146279-experience-is-something-you-don-t-get-until-just-after-you.

눈앞에 날뛰는 것들을 뒤쫓느라 숨찰 때

1. Matt Damon in *We Bought a Zoo*, Cameron Crowe 감독 (Los Angeles: 20th Century Fox, 2011).

2. 히브리서 12:1.

아플까 봐 놓지 못한 것들, 더 아픈 족쇄가 되다

1. Annie Dillard, *The Writing Life* (New York: Harper Perennial, 2013), 68. 애니 딜라드, 《창조적 글쓰기》(공존 역간).

일하는 과정에서 나는 '어떤 사람'이 되어 가는가

1. 요한복음 17:4.

미처 끝맺지 못한 일들이 당신을 기다리는가

1. 골로새서 3:23.

에필로그

1. 요한복음 14:27.